ANDREAS KOLL, Jahrgang 1956, studierte Deutsche und Vergleichende Volkskunde in München. Er ist Musiker, Komponist, Herausgeber von CD-Publikationen zur Münchner Volkssängerunterhaltung sowie der Karl-Valentin-Gesamtausgabe Ton. Kurator der Dauerausstellung »An jedem Eck a Gaudi, Die Geschichte der Volkssänger in München« im Valentin-Karlstadt-Musäum. Andreas Koll lebt in München.

edition monacensia
Herausgeber: Monacensia
Literaturarchiv und Bibliothek
Dr. Elisabeth Tworek

Andreas Koll

Volkskünstlerinnen
Liesl Karlstadt, Erni Singerl, Bally Prell

Die Geschichte des Volkstümlichen in der Unterhaltung

Mit einem Vorwort von Christian Ude

Das Buch entstand begleitend zur gleichnamigen Ausstellung vom 26. November 2008 bis 15. Mai 2009 in der Monacensia, dem Literaturarchiv der Stadt München. Ausstellung und Begleitprogramm wurden finanziell unterstützt von der Gleichstellungsstelle für Frauen und vom Kulturreferat der Landeshauptstadt München, Abt. 1, Literatur und Stadtgeschichte sowie Abt. 4, Volkskultur.

Weitere Informationen über den Verlag und sein Programm unter:
www.allitera.de

Bibliografische Information Der Deutschen Nationalbibliothek:

Die Deutsche Nationalbibliothek verzeichnet diese Publikation in der Deutschen Nationalbibliografie; detaillierte bibliografische Daten sind im Internet über <http://dnb.ddb.de> abrufbar.

November 2008
Allitera Verlag
Ein Verlag der Buch&media GmbH, München
© 2008 für diese Ausgabe: Monacensia Literaturarchiv und Bibliothek
Leitung: Dr. Elisabeth Tworek
und Buch&media GmbH, München
Umschlaggestaltung: Kay Fretwurst, Freienbrink, unter Verwendung einer Fotocollage von Andreas Koll
Herstellung: Kessler Druck+ Medien GmbH & Co. KG, Bobingen
Printed in Germany
ISBN: 978-3-86520-325-0

Inhalt

Vorwort von Christian Ude	7
Einführung	9
Die populäre volkstümliche Unterhaltung	11
Mutmaßungen über den Menschenschlag	11
Historische Voraussetzungen	14
Gierig nach Vergnügen	15
Die Volkssänger	19
Alpensänger und Bauerntheater	31
Das Platzl	38
Volkstümliche Unterhaltung der 1920er- und 1930er-Jahre	42
Karl Valentin und Liesl Karlstadt	46
Weiß Ferdl	55
Volkstümliche Unterhaltung nach 1945	61
Die Theater mit volkstümlicher Unterhaltung	62
Der Bayerische Rundfunk	71
Tourneetheater	82
Volkskünstlerinnen	86
Frauenrollen	86
Liesl Karlstadt	104
Erni Singerl	135

Gabriele Weishäupl, Direktorin des Tourismusamts München
Der Klang ihrer unverwechselbaren Stimme dringt
mir tief ins Herz: Bally Prell 158
Bally Prell 159
Ida Schumacher 170
Elfi Pertramer 171
Marianne Lindner 172
Elise Aulinger 173
Veronika Fitz 173

Das Ende 174

Literaturnachweis 175
Abbildungsnachweise 177
Dank 177
Register 178

Christian Ude
Vorwort

Sie gehörten zum Besten, was die Münchner Volkskunst hervorgebracht hat, sie wurden zu Publikumslieblingen, die es auf je eigene und einzigartige Weise verstanden, Münchner Lebensgefühl und bayrische Identität zu verkörpern, und sie waren Frauen, die trotz der Breite und Tiefe ihres künstlerischen Schaffens oft nur klischeehaft wahrgenommen wurden und werden: Liesl Karlstadt als »Partnerin an der Seite des großen Karl Valentin«, Bally Prell als pfundige »Schönheitskönigin von Schneizlreuth« und Erni Singerl als Urgestein des weißblauen Humors à la »Komödienstadel«.

Dabei haben sie nicht nur in diesen Rollen geglänzt: Liesl Karlstadt war nicht nur »Partnerin«, sondern das künstlerische Alter Ego von Karl Valentin, mit dem sie buchstäblich zum Gesamtkunstwerk wurde. Nicht zu vergessen die herausragende Bühnen- und Hörfunkarbeit, die sie ohne Karl Valentin hingelegt hat: am Residenztheater und an den Münchner Kammerspielen zum Beispiel, in den »Brumml G'schichten« oder der »Familie Brandl«.

Bally Prell war nicht nur die kreuzfidele »Salvermoser Zenz«, die mit ihrem triumphalen Erfolg bei der Schönheitskonkurrenz für Furore gesorgt hat, sondern auch ausgebildete Musikerin, die dank ihres gewaltigen Stimmumfangs das gesamte Gesangsrepertoire beherrschte, von der Arie bis zum Operettenlied, vom Schlager bis zum Volks- und Kunstlied. Besonders erwähnt sei hier auch ihre München-Hymne »Isarmärchen«, mit der sie unserer Stadt ein musikalisches Denkmal gesetzt hat.

Erni Singerl schließlich begeisterte nicht nur auf der Bühne, sondern auch in zahllosen Rundfunk-, Fernseh- und Filmproduktionen als Protagonistin einer spezifisch bayrischen Schauspielkunst, die im Glücksfall sehr wenig mit Volkstümelei, sehr viel aber mit dem absoluten Gehör für »ortsübliche« Töne, dem Gespür für feine Ironie und vor allem der Liebe zum hiesigen Menschenschlag zu tun hat. Ihre Darstellung der Haushälterin Irmgard im »Monaco Franze« oder der Mama von »Baby Schimmerlos« in »Kir Royal« gehören da zweifellos zu den eindrucksvollsten Beispielen.

Alle drei wurden als herausragende Münchner Volkskünstlerinnen zwar auch gebührend gewürdigt: So wurden etwa Münchner Straßen nach ihnen benannt; darüber hinaus wurde Liesl Karlstadt ein Jahr nach ihrem Tod ein Brunnen am Viktualienmarkt und weitere vier Jahrzehnte später endlich auch ein eigenes Kabinett im umbenannten Valentin-Karlstadt-Musäum gewidmet; zum Gedenken an Bally Prell wurde in der Schwabinger Leopoldstraße, wo sie zeitlebens gewohnt hat, ebenfalls ein Brunnen errichtet; Erni Singerl wurde 1987 mit der Medaille »München leuchtet – Den Freunden Münchens« geehrt.

Um einen Eindruck zu bekommen vom Leben und Wirken dieser drei Frauen, die das Genre der Volkskunst als typisch münchnerische Form der Unterhaltungskunst so entscheidend und nachhaltig geprägt haben, braucht es allerdings mehr: Dazu bedarf es fundierter Einblicke, wie sie die Ausstellung der Monacensia und der vorliegende Begleitband vermitteln. Der Ausstellung wie auch dem Buch zur Ausstellung wünsche ich deshalb ein reges Interesse.

Christian Ude
Oberbürgermeister der Stadt München

Einführung

In ihrer volkstümlichen Unterhaltung finden die Bayern und so auch die Münchner den Ausdruck ihrer Seele, der sie von allen anderen unterscheidet: Schau, so reden wir, so fühlen wir, so sind wir! Über Geschichten, erzählt und vorgespielt von Volksschauspielern, erfahren sie die »Wirklichkeit« ihrer Heimat als Einblick in den inneren Grund ihres Wesens. Hier finden sie Selbstbestätigung und Vorbilder für ihr münchnerisch-bayrisches Sein.

Dieses Buch beschreibt die populäre volkstümliche Unterhaltung Münchens und Bayerns, ihre Wurzeln, ihren Werdegang, ihre Prägungen und ihre Wirkungen bis heute, anhand der Karrieren von Frauen, von »Volkskünstlerinnen«. Wie sah die Rolle der Frau in dieser Unterhaltung aus? Was müssen Frauen mitbringen und verkörpern, um hier populär sein zu können? Im Mittelpunkt stehen die künstlerischen Biografien dreier Persönlichkeiten: Liesl Karlstadt, Erni Singerl, Bally Prell.

Im Zentrum steht auch die volkstümliche Unterhaltung der 1950er-Jahre. In diesen Tagen standen diese drei Frauen zusammen auf der Bühne, wobei es den tatsächlichen Auftritt von allen dreien gemeinsam nie gab. Liesl Karlstadt und Erni Singerl waren damals die Stars bei Theateraufführungen im Volkstheater und in der »Kleinen Komödie«, Erni Singerl und Bally Prell spielten und sangen im »Platzl«, der damals populärsten Bühne Münchens, und alle drei waren immer wieder die Attraktionen bei bunten Abenden des Bayerischen Rundfunks, in Sendungen wie »Weißblaue Drehorgel« oder »Bayrisches Karussell«.

Im Spiegel der Volkskunst wird zugleich das Lebensgefühl der Menschen sichtbar, des Publikums. Die Unterhaltung bildet das soziale und gesellschaftliche Wertesystem ihrer jeweiligen Zeit ab und erlaubt Rückschlüsse auf Normen, Verhaltensmuster und Ideale. Die Szenen, Stücke und Lieder der Volkskünstler geben Antworten auf Fragen: Welches Frauenbild liegt ihnen zu Grunde und wie definiert sich hieraus die Rolle der Frau? Was ist bayrische Eigenart, womit bestimmt sie sich, wodurch grenzt sie sich ab? Wie stark war die identitätsbildende und integrative Funktion der populären Unterhaltung? Und was haben diese drei Frauen als Künstlerinnen und durch die Rollen, die sie verkörperten, hierzu beigetragen?

Dieses Buch erscheint als Begleitbuch zur Ausstellung »Volkskünstlerinnen, Liesl Karlstadt, Erni Singerl, Bally Prell«, die vom 26. November 2008 bis 15. Mai 2009 im städtischen Literaturarchiv Monacensia München gezeigt wird. Ausstellung und Buch basieren auf Materialien und Dokumenten aus den Nachlässen von Liesl Karlstadt, Bally Prell und Erni Singerl, die sich im Besitz der Monacensia befinden.

Besonders danke ich Christian Ude, Oberbürgermeister der Landeshauptstadt München, für sein Vorwort und für die Unterstützung dieses Projekts.

Andreas Koll

Die populäre volkstümliche Unterhaltung

Zum Wesen des Populären gehört es, dass es sich nicht durch Inhalte legitimiert, sondern durch Zustimmung. Zum Wesen des Volkstümlichen gehört es, dass es vorgibt, die Zeit außer Kraft setzen zu können, indem es auf ein immerwährendes, seit jeher übliches Sein verweist, das tief in den Seelen der einzelnen Menschen verwurzelt ist und diese einbindet in ein gemeinsames Ganzes. Zum Wesen der Unterhaltung gehört es, dass sie Geschichten von Orten und Menschen erzählt – und davon, wie Menschen an Orten ihr Leben meistern. Zum Wesen der populären volkstümlichen Unterhaltung gehört es, dass sie die Seelen der Zuschauer durch Zustimmung an jenem immerwährenden Sein teilhaben lässt und ihnen so Muster vermittelt, wie es üblich ist, hier zu leben.

Doch die populäre volkstümliche Unterhaltung in Bayern und in München ist nicht, wie sie vorgibt, ein immer gleich bleibendes, quasi statisches Ereignis, sondern unterlag in ihrer Entwicklung bis heute einer Reihe von Einflüssen.

Mutmaßungen über den Menschenschlag

»Die Bewohner des Landes waren seit alten Zeiten Ackerbauern, städtefeindlich. Sie liebten ihren Boden. Sie waren zäh und kräftig, scharf im Schauen, schwach im Urteil. Sie brauchten nicht viel; was sie hatten, hielten sie mit Händen, Zähnen, Füßen fest. Langsam, träg im Denken, nicht willens, für ihre Zukunft zu schuften, hingen sie an behaglich derbem Genuss. Sie liebten das Gestern, waren zufrieden mit dem Heute, hassten das Morgen. Ihren Siedlungen gaben sie gute, anschauliche Namen, sie bauten Häuser, an denen das Aug sich weiden konnte, schmückten sie mit handfester Bildhauerei. Sie liebten Gebrauchskunst jeder Art, hatten Sinn für bunte Trachten, für Feste, Komödienspiel, Prunk von Kirchen, Prozessionen, für reichlich Essen und Trinken, für ausgedehnte Raufereien. Auch auf die Berge zu steigen, liebten sie und zu jagen. Im Übrigen wollten sie in Ruhe gelassen sein, ihr Leben passte ihnen, wie es war, sie waren misstrauisch gegen alles Neue. Das Zentrum dieses Bauernlandes, die Stadt München, war eine dörfliche Stadt mit wenig Industrie. Eine dünne, liberale Schicht von Feudalherren und Großbürgern war da, nicht viel Proletariat, viele Kleinbürger, noch sehr verwachsen mit dem Landvolk.«[1]

Die Volkshelden der Altbayern waren im offiziellen Sinne Verbrecher, der Wildschütz Jennerwein und der Räuber Kneißl. Freiheit und Unabhängigkeit gingen ihnen über alles. Dreinreden wollten sie sich auf keinen Fall lassen, aus Prinzip, selbst im Unrecht.

Die Kulturleistung der Altbayern war das Rokoko und der Barock. Doch das war im übrigen Deutschland nicht geschätzt. »Unsere Lehrbücher wussten nichts von Pracht und Glanz des bayrischen Barocks und Rokokos in Kirchen und Klöstern. So kam es, dass die norddeutsche Bildung den eminent künstlerischen Emanationen der bajuwarischen Seele während eines großen Zeitraums der Geschichte verständnislos gegenüberstand.«[2] Und dafür hassten sie die Preußen.

Ihrem Gemüt nach sind die Altbayern Händler, Viehhändler, ihre Devise: Schachern und Täuschen. Von allen Charaktereigenschaften ist ihnen das »Oodrahde« am liebsten. Ein anderes Wort hierfür zu finden, wäre ein eigenes Buch. Als höchstes Lob für den »Oodrahdn« dient ihnen der Satz: »A Hund is a scho.« Das »Oodrahde« stellen sie oft über alle Moral.

Sie haben einen Gott, und ihr Gott ist ein Herrgott. Mit einem »lieben Gott« haben sie nichts im Sinne. Mit einem Herrgott kann man schachern, sogar um sein Leben. Neben

---

[1] Lion Feuchtwanger, Erfolg, S. 498
[2] Max Halbe, Scholle und Schicksal, S. 280f.

dem Herrgott schätzen sie ihre Heiligen. Ihre Heiligenbilder tragen meist die Gesichter von Bauernbuben. An ihrer Religion lieben die Altbayern hauptsächlich das Theater. Von allem Theater ist ihnen die Komödie am liebsten, zumal sie das Leben selbst gerne als solche begreifen.

Ihrem Wesen nach sind die Altbayern, so auch die Münchner, gesellig, aber verschlossen, ihrem Gemüt nach eher rau, oft harsch, manchmal böse, aber gutmütig. Reden tun sie mitunter gern, sagen tun sie lieber nichts.

Der Altbayer, so auch der Münchner, ist einem geradlinigen Denken, soweit es die Ebene des Merkantilen verlässt, nicht zugetan, er sinniert. Seine Passion ist der Hintersinn. »Guat is net – aber guat is scho.« Die Frage, wie etwas »waar«, was mit dem Begriff »wäre« nur unzureichend wiedergegeben ist, wird oft ernsthafter behandelt als jede Frage des tatsächlichen Seins. Die Leichtigkeit des Spiels ist ihnen näher als der Ernst des Lebens.

In ihren Komödien verbinden sie Religion, Moral, »oodrahd sein«, Hintersinn, Schachern und Täuschen, reden, aber nichts sagen, die Liebe zur Freiheit und das sich nicht Dreinredenlassen, das raue Gemüt und die gutmütige Seele zu einem ein-

Menschenmenge am Münchner Marienplatz vor der Hauptwache, 1890

zigen Abbild ihres Lebens. Ihre Komödien zeigen ihnen, wie man ist, in Bayern, und wie man gern wäre, nicht ernst, sondern als Spiel. Und deshalb lieben die Altbayern, so auch die Münchner, ihre volkstümliche Unterhaltung. Der Altbayer und auch der Münchner fühlen ähnlich, doch sie mögen sich nicht. Der eine blickt verächtlich zum andern herab.

Historische Voraussetzungen

Populäre volkstümliche Unterhaltung ist »Massenunterhaltung«. Dies setzt eine »Masse« voraus. Daher ist die Entstehung dieser volkstümlichen Unterhaltung in München eng verbunden mit dem demografischen, sozialen und gesellschaftspolitischen Werdegang der Stadt.

Im Jahr 1850 war München eine beschauliche Residenzstadt mit knapp 100 000 Bewohnern, einem König[3], einem Heer von Beamten und vielen Soldaten. Dazu gab es fast keine Industrie, dafür viele kleine Handwerksbetriebe. Um 1910 zählte die Stadt bereits über 600 000 Einwohner. Binnen 60 Jahren machte eine gewaltige Bevölkerungsexplosion München zu einer der größten Metropolen im Kaiserreich Deutschland.

Eine Masse von Menschen verließ damals die ländlichen Gegenden und suchte ihr Heil in der Hauptstadt. Sie siedelte sich in den Vorstädten an und verwandelte die Außenbezirke Münchens in Slums. Die meisten der Zuwanderer, Söhne und Töchter von Bauern und Knechten, waren jung und ledig, verdungen sich als Tagelöhner und Hilfsarbeiter und hausten in Herbergen[4] oder Mietkasernen. Bürgerrechte besaßen sie

---

[3] König Ludwig I. wollte München in eine Kunststadt, in ein »Athen des Nordens« verwandeln. Er ließ prächtige Bauten errichten, die Ludwigstraße, das Siegestor, den Königsplatz, die Pinakothek. Er schuf so die Kulisse, in welche die künftige Großstadt München hineinwachsen konnte.

[4] Herbergen: kleine, niedrige Häuser, die in mehrere enge, meist nur aus einer Stube plus Kammer und einer kleinen Küche bestehenden Quartiere eingeteilt waren. Decken und Wände waren in der Regel aus Holz, die Zimmer niedrig, die Fenster klein. In den Hinterhöfen gab es winzige Gärten und in kleinen Anbauten, meist selbst

In der Grube, Leben in der Vorstadt, um 1900

keine. So bildete sich vor den Toren der Stadt eine völlig neue Bevölkerungsschicht mit eigenen Lebensweisen, Idealen und Hoffnungen, verbunden durch die gemeinsame Absicht, in der Stadt glücklich zu werden. Die Wohnverhältnisse waren katastrophal, viele besaßen lediglich einen Schlafplatz. Die Wirtshäuser wurden zu Zentren des gemeinsamen Lebens. Hier tauschte man sich aus, hier wurde erzählt, gesungen und gelacht, hier ließ man sich unterhalten. Die Unterhalter der einfachen Leute nannten sich Volkssänger.

Gierig nach Vergnügen

Der Umzug vom Land in die Stadt veränderte die Lebensbedingungen dieser Menschen grundlegend. War das Leben auf dem Land geprägt durch Alltag und Feiertag, wobei Alltag Arbeit von Sonnenaufgang bis Sonnenuntergang bedeutete, so regelte

> gezimmerten Bretterverschlägen, wurden Hühner und Enten gehalten, und manchmal auch eine Geiß.

Volkssängergesellschaft Stanzl Schwarz

sich das neue Leben in der Stadt durch feste, meist unmenschliche Arbeitszeiten. Doch auch diese waren irgendwann einmal zu Ende, und dann gab es Freizeit. Der Freizeitgenuss entwickelte sich mehr und mehr zum eigentlichen Lebensinhalt, zum Sinnbild für Unabhängigkeit und Freiheit.[5] Zeit zu haben, ohne irgendjemandem darüber Rechenschaft ablegen zu müssen, wurde zur eigentlichen städtischen Lebenserfahrung. Und daran konnten jetzt selbst die niedrigsten Bevölkerungsschichten teilhaben! In der Stadt sein bedeutete Aufbruch in die moderne Zeit, gleichsam in die Zukunft: Es gab Warenhäuser, Werbung, imposante Bauwerke, Telefon, Elektrizität, die neuesten Maschinen, die schnellsten Apparate, Luftschiffe, Sozialismus und ungeahnte Angebote des Vergnügens.

Freizeitvergnügungen in Form von Massenveranstaltungen hatten plötzlich Hochkonjunktur. Sportveranstaltungen, wie Radrennen oder Fußballspiele, oder Jahrmärkte und Volksfeste zogen die Menschen in den Bann. Der 1890 eröffnete Münchner »Volksgarten« in Nymphenburg mit Restauration, Biergarten, Almhütte, Märchenerzähler, Adlerflug, Artistenvorführungen und dergleichen mehr war der größte Vergnügungspark Deutschlands.

Straßenszene um 1900, München, Neuhauser Straße

[5] Kaspar Maase, Grenzenloses Vergnügen, S. 42

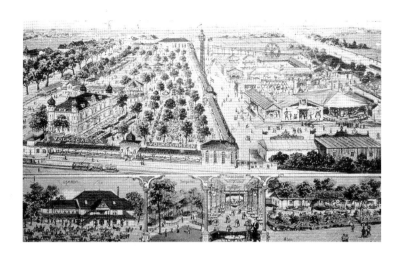

Münchner Volksgarten, um 1900

Der Ausbau der Eisenbahn bis hin in die entlegensten Gegenden ermöglichte Sonntags- oder Wochenendausflüge. Fahrten ins Gebirge erfreuten sich bald bei allen Bevölkerungsschichten größter Beliebtheit.

Varieté-Theater mit bis zu 1000 Plätzen und mehr sowie Singspielhallen aller Art schossen aus dem Boden.[6] Besonders um das Sendlinger Tor, aber auch um das Karlstor und den Hauptbahnhof entstanden in München wahre Vergnügungszentren. Die größten Varietés Münchens waren das Deutsche Theater in der Schwanthalerstraße, die Blumensäle in der Blumenstraße und das Kolosseum in der Kolosseumstraße. Letzteres bot im Hauptsaal Platz für 1700 Personen. Dazu kamen ein Biergarten und etliche Nebensäle. Hier spielte er sich ab, der nächtliche Trubel, hier gab es alles, was das Herz begehrte: atemberaubende Sensationen und die größten Stars des Landes, Komödianten, Artisten, Gesangshumoristen, Cancan-Tänzerinnen und freizügig gekleidete Damen auf der Bühne, Ausgelassenheit und Begeisterung im Zuschauerraum. Ziel war es, die Menschen durch Lachen, Staunen und Schaudern zu begeistern. Exotik und Erotik waren Trumpf.

---

[6] Mit der Einführung der Gewerbefreiheit 1873 war es prinzipiell jedem erlaubt, ein Theater zu gründen.

Hier trafen sich die Münchner aller Bevölkerungsschichten, die Noblen saßen im Parkett, Dienstmädchen, Soldaten und einfache Leute auf der Galerie – und dazwischen Geschäftemacher, Kleinkriminelle und Prostituierte.

Hinzu kam die beginnende Elektrifizierung der Stadt ab 1893. Sie war die Voraussetzung für all das nächtliche Treiben, denn sie machte die Nacht zum Tage, vermittelte den Menschen ein Gefühl von Modernität und verbesserte die Bühnentechnik der Theater schlagartig.

So entwickelte sich auf der Basis der wenigen einzelnen, mehrfach umgedrehten Pfennige[7] der einfachen Leute in München, wie auch in ganz Deutschland, eine gigantische Vergnügungsindustrie. Ein Heer von Menschen war hier beschäftigt: Wirte, Bedienungspersonal, Agenten, Musiker, Künstler, Bauchladenverkäufer und etliche mehr. Das Vergnügen wurde zum lohnenden Geschäft mit hohen Renditen. Bauunternehmer und Geldspekulanten wandten sich vermehrt dem Unterhaltungsgewerbe zu. Einfache Gaststätten, die anfangs gelegentlich Unterhaltungsprogramme boten, verwandelten sich in professionell geführte Amüsierbetriebe.

Schaefers LiliputRevue

[7] Maase, Grenzenloses Vergnügen, S. 55

Fehlspekulationen, Pleiten und rasante Besitzerwechsel waren keine Seltenheit. So manches Theater verwahrloste oder war in schlechtem baulichem Zustand. Doch das konnte den Zauber des Vergnügens nicht schmälern. Für viele junge Menschen, wie etwa für Karl Valentin oder Liesl Karlstadt, gab es damals nur einen einzigen Berufstraum: Sie wollten Unterhaltungskünstler werden.

Neben den Variétés mit ihren großstädtisch und international ausgerichteten Programmen mit Künstlern verschiedenster Couleur boten die vielen Singspielhallen der Stadt typisch münchnerische Unterhaltung. Hier traten die Volkssänger auf. Die Volkssänger waren damals die beliebtesten Unterhalter der Stadt, denn sie führten den Münchnern ihr Wesen vor Augen.

Die Volkssänger

Die Volksängerunterhaltung kam wie vieles, was München nachhaltig beeinflusste, ursprünglich aus Wien. Wien war die Metropole, München dagegen nur eine bescheidene Residenzstadt. Die Volkssängerei in Wien entstand, als die Bettelmusikanten anfingen, in Gaststätten aufzutreten. Die eigentliche Blütezeit der Münchner Volkssänger begann etwa ab dem Jahr 1865. Dies hatte nicht zuletzt mit dem Ende der Schweigerischen Volkstheater zu tun.

Noch bis zum Ende des 18. Jahrhunderts hatten fahrende Theatergesellschaften, die vor den Toren der Stadt ihre Zelte aufschlugen, für die Unterhaltung der einfachen Leute gesorgt.

»Es wurde aus dem Stegreif gespielt, es gab noch keinen festgelegten Text. Nach jedem Akt (Dauer ca. ½ Stunde je nach Wetterlage) wurde abkassiert – 1 Kreuzer pro Person. Die Hauptfigur war ... der Kasperl, der Hanswurst ... In München hieß der Hanswurst damals ›Lipperl‹ und man nannte diese Art theatralischer Darstellung in Abgrenzung zum Hoftheater – das ›Lipperltheater‹.«[8]

Ein fideles Trio, Volkssängergesellschaft Sigl-Stettmeier

[8] Erni Maxstadt, Münchner Volkstheater im 19. Jahrhundert und ihre Direktoren, S. 7

Kasperltheater in der Münchner Vorstadt Au

Franz Graf von Pocci führte im 19. Jahrhundert diese Tradition mit seinen grandiosen Kasperlstücken fort, die im Marionettentheater des legendären Papa Schmid zur Aufführung kamen. »Welche Hiebe auf das dünkelhafte Gelehrtentum und den vollgefressenen Münchner! In den (…) Stücken oft die feinsten lyrischen Stellen, oft die tiefsten Gedanken und dazwischen immer wieder das Lachen des Kasperl, das so recht aus dem tiefsten Bierbauch heraufkommt. Alles vorgeführt im stimmungsvollsten Rahmen (…) ohne Komödiantentum.«[9]

Hier kommt die Münchner Seele auf die Bühne, schnörkellos wie die Münchner selbst, eine Mischung aus Humor und Melancholie, durchsetzt mit abrupten Ausbrüchen von Schimpfen, Nörgeln oder Granteln. Das Lachen deckt vordergründig die Traurigkeit zu, um diese gleichzeitig gerade dadurch noch zu vertiefen. Diese Mischung ist es, die nicht zuletzt auch den Szenen Karl Valentins und Liesl Karlstadts ihre ganz besondere Würze gibt. Und auch Karl Valentin machte seine ersten Theatererfahrungen im Kasperltheater in der Münchner Vorstadt Au.

Eine der fahrenden Theatergesellschaften, die regelmäßig in München Quartier machten, war die des Josef Schweiger, des letzten Lipperl-Darstellers Münchens. Nach mehreren Anläufen, in der Stadt einen festen Platz für seine Bühne zu finden, gründete er 1845 in der Müllerstraße neben dem Gasthof 3 Linden[10] in einem kleinen Holzbau das »Isarvorstadttheater«. In seinem Repertoire spezialisierte sich Schweiger auf Wiener Possen. So machte er die Komödien Nestroys in München populär und mit diesen das Couplet.[11] Nach dem

[9] Josef Ruederer, München, S. 113f.
[10] Auf diesem Gelände wurde 1873 das »Kolosseum« errichtet, das erste Varietétheater Deutschlands.
[11] Couplets sind Lieder, bestehend aus thematisch völlig unterschiedlichen Strophen, verbunden durch einen gemeinsamen, immer gleichen Strophenabschluss. Das Couplet entstammt dem Komödientheater und hat kommentierende Funktion. Der Schauspieler konnte während des Theaterstücks aus seiner Rolle heraustreten und sich mit einem Couplet direkt an das Publikum wenden. So erläuterte er

Tod Schweigers übernahm sein Sohn Max das Theater. Dessen Versuche, auch ernste und klassische Stoffe aufzuführen, scheiterten am Widerspruch des Königlichen Hoftheaters. So führte er Parodien dieser Stücke auf. Josef Schweigers Bruder Johann eröffnete 1850 das »Vorstadttheater in der Au« in der Lilienstraße. Beide Schweiger-Theater schlossen 1865, bedingt auch durch die Eröffnung des »Münchner-Aktien-Volks-Theaters«, des späteren »Theaters am Gärtnerplatz«, im selben Jahr. Das Aufführen kurzer und einfacher Possen war ab jetzt Sache der Volkssänger.

Die Volkssänger waren die »Popstars« von damals, sie waren Spaßvögel, Komiker, »drastisch elastische Witzmachersg'selln«, wie es Anderl Welsch, einer ihrer Koryphäen, in einem seiner Couplets ausdrückte. Ihr Reich waren die volkstümlichen Vergnügungsstätten der einfachen Leute: Wirtshäuser, Vorstadttheater, Singspielhallen und auch Varietés. Vergleichsweise wenige hatten eine künstlerische Ausbildung, die meisten waren von Handwerksberufen auf die »Brettlbühnen« gewechselt. Auch Karl Valentin war ursprünglich Schreiner, Liesl Karlstadt Verkäuferin.

Bis zum Ersten Weltkrieg war die Volkssängerunterhaltung in München das Massenvergnügen schlechthin. Noch 1910 beherbergte die Stadt über 800 hauptberuflich gemeldete Volkssänger. Diese schlossen sich zu Volkssängergesellschaften zusammen und organisierten sich in einem Volkssängerverband mit eigener Zeitung, Krankenversicherung und Künstlerbörse. In den Singspielhallen wechselten die Programme in der Regel alle 14 Tage. Für diese Zeit wurde eine Volkssängergesellschaft verpflichtet. Unter den Theatergruppen gab es einen regen Austausch an Künstlern. Die Stars der Szene, wie etwa Papa Geis, die Gebrüder Albrecht, Anderl Welsch oder Weiß Ferdl, hatten über Jahre hinweg feste Spielstätten mit eigenen Ensembles. Neben den professionellen Unterhaltern traten zahlreiche Freizeithumo-

> Geschehnisse im Stück näher, erfand Verse zu Tagesangelegenheiten oder legte der mitjohlenden Menge Sätze in den Mund, die er selbst nicht sagen durfte.

risten, sogenannte »Ambulante Sonntagsgesellschaften«, hauptsächlich in Wirtshäusern auf. Keine Gaststätte konnte es sich damals erlauben, auf die Belustigung der Gäste zu verzichten.

Volkssängerveranstaltungen waren anfangs raue Ereignisse: die Sprache derb, die Stimmung ausgelassen. Dieses wilde Treiben war den Behörden von Anfang an ein Dorn im Auge, denn unkontrollierte Massenveranstaltungen betrachteten sie seit jeher mit Skepsis. Der Kulturbegriff der damaligen Zeit war elitär. Populäre volkstümliche Unterhaltung fiel nicht darunter. »Kultur« wurde als etwas Ernstes, Nobles, Gesittetes verstanden, als etwas, das erworben werden musste. Kultur implizierte so stets eine didaktische Maßnahme. Fast alles, was Spaß machte, galt als minderwertig. Ausschreitungen im Zuschauerraum führten für die Theaterbetreiber zum sofortigen Konzessionsverlust.

Der gesetzliche Rahmen dieser Unterhaltung war eng gesteckt und unterlag strengen polizeilichen Auflagen. Alles,

Volkssängergesellschaft Gebrüder Albrecht

was zur Aufführung kam, musste der Zensur vorgelegt werden, sämtliche Singspielhallen wurden regelmäßig polizeilich observiert. Viele dieser behördlichen Auflagen hatten das Ziel, dem Pöbel »Kultur« beizubringen. Die derben Vergnügungsstätten der einfachen Leute sollten in noble Theaterbetriebe, eine grölende Menge in ein anständiges und »brav« konsumierendes Publikum verwandelt werden. Dies hatte zur Folge, dass die volkstümliche Unterhaltung langsam auch in besser gestellten Kreisen Akzeptanz fand.

Eine wichtige Rolle hierbei spielte Papa Geis[12], der Grandseigneur der Münchner Volkssänger. Er trat ab 1875 allabendlich im noblen Café des Hotels Oberpollinger auf. Sein Humor war süffisant und treffsicher, dabei stets dezent und nie ausfallend oder vulgär. Papa Geis machte in München die Volkssängerunterhaltung gesellschaftsfähig.

Nicht zu kontrollieren waren jedoch die unzähligen Wirtshäuser der Stadt. Sie erhielten keine Lizenz zum Singspielbetrieb. Daher durften sich hier auftretende Volkssänger nicht verkleiden. Ein Gesellschaftsanzug oder ein landesüblicher Trachtenanzug waren Pflicht. Während der Aufführungen ging meist ein Hut herum. Und hier blieben die Unterhaltungsabende derbe Spektakel.

Papa Geis in seiner Paraderolle als »Bemoostes Haupt«

Der Begriff »Volkssänger« ist eigentlich irreführend. Natürlich wurde gesungen und zwar nicht zu knapp, doch »Volkssänger« ist ein Genrebegriff, der damals so gut wie alle Formen der populären volkstümlichen Unterhaltung beinhaltete. Ein Abend in einem Volkssängerlokal bestand aus einem Wechsel von Instrumentalmusik, Coupletgesang, Soloszenen und kurzen Theaterstücken. Die klassische Programmabfolge war: Eingangsmusik, gefolgt von einem humoristischen

---

[12] Geis wurde am 27. Dezember 1840 in Athen geboren. 1847 kam er nach München. Eigentlich wollte er Pfarrer werden, schließlich wurde er »Prediger« auf der Brettlbühne. Nach einem längeren Aufenthalt in Wien kehrte er 1875 nach München zurück. Geis hielt auch die erste Rede beim Salvator-Anstich am Nockherberg, dem traditionellen »Politiker-Derblecken«. Er starb am 3. März 1908 in München.

Volkssängergesellschaft Hans Blädel, 1906

Solovortrag[13], meist des populärsten Künstlers im Ensemble. Dann kam ein Einakter, in dem die ganze Volkssängergesellschaft auftrat. Zum Abschluss trug ein Ensemblemitglied Couplets vor. Pause. Der zweite Teil verlief wie der erste. Das Ende bildete ein großes Finale mit Abschlussmusik.

Man bot Nummernprogramme, bunte Abende, viele kurze eigenständige Handlungseinheiten. Im Zuschauerraum war es laut, der Saal war hell erleuchtet, man saß an Tischen, trank viel und kommentierte mit Zwischenrufen das Geschehen auf der Bühne. Die Künstler mussten sehr um Aufmerksamkeit kämpfen. Daher arbeitete man verstärkt mit optischen Mitteln und stereotypen Figuren. Jeder sollte möglichst schnell verstehen, worum es ging. Oft verrieten bereits der Titel, die

---

[13] Der humoristische Vortrag, auch »Soloszene« genannt, war die Paradedisziplin eines jeden Volkssängers. Ein humoristischer Vortrag bestand meist aus dem Auftrittslied, einem längeren Prosateil in der Mitte und einem resümierenden Schlussgesang. Daneben war auch die Duoszene sehr beliebt. Ihr Ablauf war ähnlich.

Besetzungsliste und die Namen der Protagonisten den Inhalt einer Szene. Längere Theaterstücke aufzuführen war den Volkssängern verboten. Und sogar die Anzahl der mitwirkenden Personen wurde auf wenige beschränkt. In der Regel durften es nicht mehr als fünf sein. Dies diente vermutlich dem Schutz der etablierten Theater, die es in der Konkurrenz mit den volkstümlichen Vergnügungsstätten schwer hatten.

Das Anliegen der Volkssängerunterhaltung war es, mit humoristischen Mitteln die Lebenswirklichkeit der Menschen darzustellen.

Das Geheimnis des Erfolgs der Volkssänger lag in ihrer Nähe zu den Menschen, zu ihrem Publikum. Und damit kommen wir wieder zurück zu den Menschen in der Vorstadt.

Volkssänger stellten fest eingeführte und allen bekannte Figuren, Typen, auf die Bühne, in denen sich die Leute wiederfinden konnten, und erzählten mittels dieser Rollen vom alltäglichen Leben der Menschen in der Stadt. Besonders zwei dieser Rollen verdienen nähere Betrachtung: Zum einen die Figur des »Kare«, des »Lucke«[14], des »Stolz von der Au«, des halbseidenen Vorstadthallodris, der arbeitsscheu, der Halbwelt zugetan, schlau, schlagfertig und lebenslustig war. Zum anderen die Figur des »G'scheerten«, des dummen und rückständigen Menschen vom Land.

Nach 1870 versuchte man in der Stadt München, die gewaltigen sozialen Probleme zu lösen. Besonders vordringlich war die Wohnungsfrage. So entstand ein gewaltiges Bauprogramm. Man stampfte ganze Stadtviertel neu aus dem Boden. Dies bedeutete für viele arbeitslose Bewohner der Vorstadt Beschäftigung als Hilfsarbeiter auf Baustellen. Besonders Steinträger waren gefragt, der »Kare« und der »Lucke« waren solche. Außerdem war es damals (im Gegensatz zum restlichen Bayern) in München Mode, den Erstgeborenen »Ludwig« und den Zweitgeborenen »Karl« zu nennen. Der »Kare« und der »Lucke«, das war also der typische Münchner. Dane-

---

[14] Der Kare und der Lucke waren bis zum Ende des 20. Jahrhunderts die bekanntesten Witzfiguren Bayerns.

August Junker als »Schöner Kare«

ben war der Begriff »Louis«, also Ludwig, ein Synonym für Zuhälter. In dieser Bedeutungskombination eroberten die beiden, orientiert an der Lebenswirklichkeit der einfachen Leute, die Bühnen der Vorstadttheater. Besonders die Szenen vom »Schönen Kare« von August Junker waren Kult:

»I gehör, wie Sie sehg'n, zur edlen Zunft der Stoatroger, unser Handwerk ist eines der ältesten – wir sind sozusagen historisch – no ja was hättns denn g'macht beim Turmbau von Babylon – wenns koane Stoatroga g'habt hätt'n – wir haben auch eine ganz eigene Sprach – sehr viel babylonische Ausdrücke – ... zum Beispiel Schaug'n hoaßt bei uns ›lins'n‹ – Hunger hoaßt ›Kohldampf‹, und Durst hoaßt ›Schwach‹ – de Händ san ›Griffling‹, de Füß ›Trittling‹ – das Geld wird einteilt in ›M‹, ›Stutzn‹ und ›Stückl‹. – Der Schandi is bei uns der ›Greaspecht‹, und wenn eana mehra odroiden, na hoaßts, ›d'Schmier‹ kimmt. – Die Geliebte is das ›Gschoß‹, mei Gschoß ist die Mizzi, die Leut sag'n, i war a no was anders als a Stoatroga – aber des is bloß a Verleumdung. – Mei Gott, an kloan Nebnvadeanst muaß da Mensch doch heutzutag hab'n – wo alles wackelt, sogar d'Häuser – is ja koa Wunda – wenn oana heut z'Tag so viel Geld hat, dass ers protokollirn schuldi bleibn ko – na baut er a Haus – wennst mitt'n drin bist in der schönst'n Arbat, na werd da Bau eing'stellt – ... na sitzt da mit deiner ung'stillten Sehnsucht nach Arbat – i gibs no ganz auf – i hab überhaupt koa Glück mit der Arbat.«[15]

In diesen Vorstadttypen jenseits aller bürgerlichen Normen von Moral, Anstand oder Arbeitsauffassung konnten sich die Menschen der Vorstadt wiederfinden, aus ihren »Taten« schöpften sie Selbstbewusstsein. Wir lassen uns nicht unterkriegen war die Devise, von nichts und niemandem. Das wesentlichste Merkmal der Identifikation jedoch war die Sprache: Sie reden so wie wir, das sind wir!

Indem die Volkssänger aus der Lebenswirklichkeit der einfachen Leute durch humoristische Überzeichnung Typen extrahierten, schufen sie Kultfiguren, Idole, deren Verhaltens-

---

[15] aus August Junker, Der schöne Kare, Münchner Blut 37/38

muster auf der Bühne für die Leute im Publikum vorbildhaft wirkten. Bühne und Leben beeinflussten sich gegenseitig. So bedeutete die Unterhaltung der Volkssänger für die Menschen der Vorstadt ein gemeinsames Erfahren ihrer eigenen Identität. Sie erzählte ihnen, dass sie aufgrund der gemeinsamen Erfahrungen in der Stadt jetzt zusammengehörten. So sind die aus verschiedensten Gegenden zugezogenen Menschen Münchner geworden.

Das andere Markenzeichen münchnerischer Unterhaltung war die Figur des »G'scheerten«[16], des dummen, rückständigen Landbewohners in der Dachauer Tracht und mit kurz geschorenen Haaren (g'scheert).

Vorurteile brauchen Gesichter, auf die verächtlich verwiesen werden kann. Und weil Dachau neben München der größte Ort war und die Dachauer im Stadtbild Münchens eine feste Größe waren, und weil die Herabwürdigung des Nachbarortes zur Hebung der eigenen Qualität diente, wurden die »Dachauer« in München zu Prototypen bäuerlichen Lebens. Als solche eroberten sie in der Figur des »G'scheerten« die Bühnen der Singspielhallen und Wirtshäuser. Seine Eigenschaften: dumm, einfältig, des vernünftigen Sprechens nicht mächtig, allen Anforderungen des modernen Lebens nicht gewachsen, leicht aufbrausend, trunksüchtig und rauflustig.

Die meisten Menschen der Vorstadt waren vor nicht allzu langer Zeit vom Land in die Stadt gezogen. Jetzt gab es kein Zurück mehr. Dieses gemeinsame Schicksal schweißte sie zusammen. Und in einem waren sie sich einig: Sie mussten diesen wohl bedeutendsten Schritt ihres bisherigen Lebens rechtfertigen, vor sich selbst und vor allen andern. So grenzten sie sich von der eigenen Herkunft und somit von der Landbevölkerung ab, indem sie diese verhöhnten. Ihr Ziel war der soziale Aufstieg. Sie wollten Teil der bürgerlichen

---

[16] Die Figur des »G'scheerten« wurde von Anderl Welsch erfunden. Die enorme Verbreitung wurde sicherlich auch durch das Verkleidungsverbot auf einfachen Bühnen begünstigt. Mit einer Figur in Dachauer Tracht, einem landesüblichen Trachtenanzug, konnte man dieses Verbot umgehen.

Anderl Welsch als »G'scheerter« im Bamberger Hof, um 1885

Gesellschaft werden. Also solidarisierten sie sich innerlich mit dieser und nahmen deren Haltungen an. Und da die bürgerliche Gesellschaft schon immer die ländliche Bevölkerung von oben herab betrachtete, so übten sich nun die »Neustädter« verstärkt in diesem Ritual. Die Verspottung der Landbevölkerung erfüllte so einen doppelten Zweck: Zum einen sollte das eigene Selbstverständnis als neue Bevölkerungsgruppe formuliert, zum anderen ein Signal an die bürgerliche Gesellschaft gesendet werden: Schaut, Städter, wir sind so wie ihr. In der Figur des »G'scheerten« konzentrierten sich diese Haltungen, sie wurde zur Paraderolle volkstümlicher Vergnügungsstätten schlechthin. Sich über ländliche Lebens- und Denkungsweisen lustig zu machen, wurde zum beliebtesten Allgemeinplatz der münchnerischen Unterhaltung.

Identifikation bedeutet immer auch gleichzeitig Abgrenzung. Und hierbei kommt es darauf an, wo gerade der »Feind« sitzt. Zuerst war es für die Menschen der Vorstadt notwendig, ihre Herkunft hinter sich zu lassen, um sich in ihrem eigenen Selbstverständnis als Stadtbürger zu etablieren. Doch über die Rolle des Pöbels kamen sie nicht hinaus. Die bürgerliche Gesellschaft konnte und wollte sie nicht auf Augenhöhe als ihresgleichen akzeptieren. So wandelten sich die Szenen, in denen Stadtleute auf Landmenschen trafen. Die Stadtleute erhielten nun auch arrogante, hochnäsige und herablassende Züge, während sich in die Rolle des Landmenschen, trotz weiterhin derbster Sprache, Merkmale wie schlau, schlitzohrig, schlagfertig und »oodrahd« mischten. Die Menschen der Vorstadt besannen sich auf ihre Herkunft, und der »G'scheerte« wurde zum Zeichen für Opposition. Hinzu kam ein Phänomen, das wir auch heute aus vielen Fernsehserien kennen: Rolle und Schauspieler verschmelzen in der Wahrnehmung des Publikums zu einer Person. Volkssänger wie Welsch, Junker, Gebhard und viele andere verstanden sich grandios darauf, »G'scheerte« darzustellen. Das machte Eindruck und die Figur sympathisch. Die Folge aus beidem war: Der »G'scheerte« kam in Mode. Selbst die intellektuelle Schwabinger Boheme fand es ab etwa 1895 schick, Bauernbälle zu veranstalten und sich, verkleidet in Dachauer Tracht, »g'scheert« zu benehmen.

Der »G'scheerte« mutierte zu einer Rolle, zu einer Art zweitem Ich, das heimlich in jedem Münchner schlummerte und jederzeit in einem gesellschaftlich gesicherten Rahmen herausgelassen werden konnte. Der »G'scheerte« stand nun für den aufrechten, mit der Tradition verbundenen Menschen, der sich nicht unterkriegen ließ.

Auch Ludwig Thoma hat seinen Teil zur Zeichnung dieser Figur beigetragen. Seine Darstellung von Landmenschen beruhte sicherlich auf seiner persönlichen Erfahrung als Rechtsanwalt in Dachau. Doch wenn man sich Szenen wie »Erster Klasse« oder die »Filser-Briefe« anschaut, dann sind Anlehnungen an die Charakterisierung des »G'scheerten« auf den Münchner Volkssängerbühnen nicht von der Hand zu weisen. Thomas Szene »Erster Klasse« wurde im Übrigen zu einem Paradestück volkstümlicher Unterhaltung, in dem sämtliche Generationen bayrischer Volksschauspieler ihre Meisterschaft unter Beweis stellen konnten.

Stilbildend war die Sprache des »G'scheerten«. Sie verlor nun gänzlich jeglichen verächtlichen Beigeschmack und wurde zum Markenzeichen des typischen Münchners, der in seiner Mischung aus apathischer Gutmü-

Liedheft »Die G'scheert'n« von Alois Hönle

Max Lampl als »Filser«

tigkeit, aus Granteln und Nörgeln kein Blatt vor den Mund nimmt, also »g'scheert daher redet«. Je »g'scheerter«, umso echter. Die Rollen des »Kare« und des »Lucke« verschmolzen mit der des »g'scheerten Dachauers« zu den vielen Variationen des »g'scheerten Münchners«. Auch Frauenrollen wie »Die Münchner Ratschkathl« der Elise Aulinger, »Die Münchner Obstverkäuferin« der Liesl Karlstadt oder die der »Trambahnritzenreinigungsfrau« der Ida Schumacher sind klar an diesen Typus angelehnt.

Das letzte Kapitel dieser Geschichte vom »G'scheerten« handelt vom Verhältnis Bayern – Preußen.

»Der Bayer kann den Norddeutschen, den ›Preußen‹ als Typus nicht leiden und ärgert sich über ihn. Er spricht ihm schon rein äußerlich zu laut, zu hell und zu schnell. Aber im Stillen hat er Respekt vor ihm, nämlich vor seiner Leistung. Umgekehrt: Der Norddeutsche, der ›Preuße‹, mag den Bayern als Typus gern. Er findet schon rein äußerlich Gefallen an seiner Sprache, ihr Klang und Tonfall behagt ihm. Aber im Stillen nimmt er den Bayern, nämlich das, was er leistet, nicht ganz für voll.«[17]

In den Jahren 1870 bis 1910 war München das Zentrum eines lodernden Preußenhasses. Viele in Bayern glaubten, von den Preußen von oben herab als minderwertig und rückschrittlich betrachtet zu werden. Man fühlte sich unverstanden und im Stolz tief verletzt. Als Sinnbild für den echten aufrechten Bayern im Gegensatz zum Preußen sollte die Figur des »G'scheerten« auf der Münchner Volksbühne Platzl ihren wahren Höhepunkt erleben. Doch dazu später.

---

[17] Max Halbe, Scholle und Schicksal, S. 281

Alpensänger und Bauerntheater

Die bisher betrachteten Aspekte des populären Vergnügens bezogen sich auf die Unterhaltung in der Stadt. Doch auch am Land entwickelten sich im 19. Jahrhundert neue Formen volkstümlicher Belustigung, die bis heute wirken. Dies geschah im Besonderen in den Zentren des alpenländischen Tourismus. Der Ausbau der Eisenbahn machte selbst die entlegensten Gebirgstäler für jedermann auf einfachste Weise erreichbar. Tausende aus Nah und Fern begannen nun ins Gebirge zu strömen, um dort Erholung zu finden. Man suchte Zerstreuung in »unverfälschter Natur«. Aber auch die Menschen in den Tourismusgebieten sollten im Sinne der Besucher ein Stück dieser unverfälschten Natur verkörpern. Man erwartete von ihnen urwüchsiges Aussehen, urwüchsige Kleidung und urwüchsige Bräuche. Sie hatten quasi eine Rolle zu spielen. Je mehr Industrialisierung und Modernisierung in den Städten fortschritten, umso bedeutender wurden für die Stadtbevölkerung diese Oasen »reiner Natur«.

Man suchte eine Gegenwelt[18] zu der rapiden Veränderung, zur der Unsicherheit moderner Gesellschaften, in denen breite Schichten mit einer dauernden Angst vor gesellschaftlichem Absturz lebten, und zu der zunehmenden Individualisierung. Man suchte das Gefühl, in einer durch höhere Werte unverrückbar festgefügten Gemeinschaft aufgehoben zu sein, das »Beständige« und »Echte«. Im Durchwandern unwirtlicher Gebirgslandschaften, im Umgang mit deren kernigen und urwüchsigen Bewohnern, mit denen man sich verbrüdern konnte, indem man kurzfristig an ihrem Leben teilnahm, ihre Kleider anzog und ihnen ein selbstverständliches »Du« anbot und indem man begeistert ihr Jodeln, Schuhplatteln und Singen beklatschte, glaubte man deren vermeintliche Natur und Natürlichkeit in sich aufsaugen zu können, um selbst mit dieser zu verschmelzen. Die Botschaft war: Am Volkstümlichen kann jeder teilhaben, egal ob Städter oder Landbewohner, ob Nord- oder Süddeutscher. Doch das Volkstümliche fand und

Gipfelrast am Wendelstein, um 1900

[18] Hermann Bausinger, Volkskunde, S. 179f.

J. & G. Hagenbeck's Inder-Ausstellung, um 1900

findet in der Freizeit statt, es muss einen nicht ständig umgeben, sondern man kann sich stundenweise dafür entscheiden. Einem alleine nützt dieses Volkstümliche allerdings nichts, es kommt erst zur Geltung in gemeinschaftlichen Ritualen.

Die Suche nach Natur und Ursprünglichkeit gegen Ende des 19. Jahrhunderts umfasste alle Gesellschaftsschichten und brachte Phänomene wie die Wandervogelbewegung, die Freikörperkultur, vegetarische Ernährung oder Barfußtänze hervor. Auch die Wiederherstellung von Volkstrachten muss unter diesem Aspekt gesehen werden. Daneben entstand eine ungeheure Begeisterung für Exotik aller Art. In Völkerschauen konnte man fremde Menschen bestaunen, Feuerländer, Inder, Afrikaner, und die die Presse berichtete über Wochen täglich darüber.

Alpensängergesellschaft Schnackl Franz

Kolonialwarenläden begannen exotische Waren zu vertreiben. Die Faszination für die »alpine Kultur« muss durchaus auch in diesem Zusammenhang betrachtet werden. Die alpenländische Folklore ist letztlich auf Grund der Bedürfnisse der städtischen Bevölkerung entstanden. Das, was wir heute Volkskultur nennen, hat so gesehen, auch wenn die erste Wahrnehmung eine andere ist, überwiegend städtische Prägungen.

Für die Bewohner der alpenländischen Tourismusorte wurde es Normalität, dass Gäste kamen und dass Rollenerwartungen gegenüber Fremden erfüllt werden mussten. Sie fanden Gefallen am Vorführen ihrer »Bräuche«, zumal es sich auch finanziell rentierte, und sie begannen sich ihrerseits damit zu identifizieren.

Doch das Vorführen von Schuhplattlern und Jodlern

»Alpensängerterzett«, Liesl Karlstadt, Karl Valentin, Karl Flemisch, 1913

beschränkte sich nicht auf die alpenländischen Gebirgstäler, sondern wurde zum Exportartikel, zu einer der damals populärsten Darbietungen überhaupt, in ganz Deutschland und weit darüber hinaus. Sogenannte »Tyroler Sängergesellschaften« reisten landauf und landab und brachten den »Urlaub« in die Gegenden zurück, wo die Urlauber herkamen; eine beispiellose Erfolgsgeschichte, bis heute.

Bereits Heinrich Heine berichtet in seinen »Reisebildern« von einem Konzert Tyroler Sänger in London.[19] (Die ersten Touristen in den Alpen kamen aus England.) Schon in den 1820er-Jahren reisten die Geschwister Rainer aus dem Zillertal durch ganz Europa bis in die USA.[20] Überall formierten sich nun diese Tyroler oder Alpensänger, in Bad Tölz, Garmisch oder München genauso wie in Köln oder Hannover. Hugo Oertel, der in München etliche Vergnügungslokale betrieb und auch den Münchner Volksgarten gegründet hatte, begann in Leipzig als Zitherspieler in einer dort ansässigen Tyroler Sängergesellschaft. Franz Reilhofer, ein Münchner Zitherspieler, bereiste jahrelang mit seinen »Tyrolians« die USA. Die Alpensänger prägten in Deutschland, Europa und letztlich in der ganzen Welt das Bild des Bayern. Und auch das wirkte zurück.

Die bekanntesten »Tyroler-Gruppen« Münchens hießen: Gesellschaft Neu-Edelweiß, Trinkl Gröbl, Familie Schörgmeier, die Gesellschaft Plonner, Possen-Ensemble Lang Janko, die Sängergesellschaft Schnackl Franz oder die Gesellschaft Adalbert Meier, in der auch Liesl Karlstadt kurzzeitig mitwirkte.

Die erste Szene, in der Liesl Karlstadt – im Übrigen auch eine leidenschaftliche Bergwanderin – zusammen mit Karl Valentin 1913 auf der Bühne stand, hieß »Alpensängerterzett« und war eine Parodie auf diese alpenländische Unterhaltung.

Sie beginnt mit den Zeilen:

»Grüß Gott, Grüß Gott mit hellem Klang,
Heil dem deutschen Lied und Sang.

[19] Hermann Bausinger, Volkskunde, S. 166
[20] ebd.

> Mei' Schatzerl hoasst Nannerl,
> hat schneeweisse Zahnerl,
> hat kohlschwarze Knia,
> aber g'sehng hab' i s' nia«[21]

und endet mit einem berühmt gewordenen Valentin-Zitat, nachdem die Sängergesellschaft wegen Unfähigkeit vom Direktorat entlassen wird:

> »Sie san no amal froh, wenn S' solchene Volkssänger kriag'n, wia mir san. Sie san net auf uns angewies'n, aber mir auf Eahna, das müssen S' Eahna merken! – Geh weiter, Vater, nimm's Gebirg, dann geh'n ma!«[22]

Neben der gewaltigen Begeisterung, welche die Alpensänger weltweit auslösten, gab es noch einen zweiten Exportartikel bayrischer Lebensart mit nicht minderem Erfolg, weltweit: das Bauerntheater. Das erste und für alle anderen wegweisende war das Schlierseer Bauerntheater, gegründet 1892 von Konrad Dreher und Franz Xaver Terofal.

Konrad Dreher (1859–1944) war um 1900 ein Star, einer der ganz großen Komödianten des deutschen Theaters und der einzige Schauspieler, der bayrische Bauernkomödien in sein Gastspielrepertoire aufnahm. Das war die Basis seines immensen Erfolgs. Dreher war langjähriges Mitglied im Ensemble des Theaters am Gärtnerplatz. Gastspiele führten ihn durch ganz Europa bis in die USA.

Mit der Gründung des Schlierseer Bauerntheaters gelang Dreher der große Wurf – es wurde binnen kurzer Zeit zum erfolgreichsten Theaterunternehmen Deutschlands und gastierte sogar in New York. Im Garten des Gasthauses Seehaus in Schliersee wurde ein Theater mit 500 Plätzen errichtet, das erste Gebäude Bayerns mit elektrischem Licht außerhalb einer Stadt. Alle ausgewählten Ensemblemitglieder mussten Laien sein, in Schliersee und Umgebung wohnen und dort einem Handwerks- oder Bauernberuf nachgehen. In den Sommer-

---

[21] Helmut Bachmaier, Manfred Faust (Hrsg.), Karl Valentin, Sämtliche Werke, Band 3: Szenen, S. 318
[22] ebd., S. 322

Plakat: Das Schlierseer Bauerntheater im Neuen Theater am Schiffbauerdamm, Berlin

Konrad Dreher in »Der fidele Bauer«

Bauerntheaterszene

monaten spielten sie in Schliersee, doch die restliche Zeit, und das war das Geheimnis des Erfolgs, ging das Unternehmen auf Tournee. Konrad Dreher leitete das Theater bis 1904 und trug allein die volle finanzielle Verantwortung. Im Schatten der Schlierseer überschwemmte nun eine wahre Bauerntheaterflut das Land.

Die Ideologie des Unternehmens war einfach und entsprach voll und ganz dem damals vorherrschenden Zeitgeist: Sehnsucht nach Natur. In einer Werbeschrift der Schlierseer 1897 ist zu lesen:

> »Keine Berufsschauspieler stehen auf der Bühne, sondern Laien, echte, wahre, leibhaftige Bauern und Bäuerinnen. Sie vollführen keine Kunststücke, sondern schöpfen aus der Quelle ihrer eigenen Natur. Wer diese Leute urwüchsig und kraftstrotzend spielen, tanzen, springen sieht, wer sie reden und singen hört, wird an die Echtheit glauben und daran Freude haben.«

Die Schlierseer gaben von 1893 bis 1896 in 80 deutschen Städten 648 Vorstellungen, dazu 104 Aufführungen während der Amerikatournee in der Wintersaison 1895/1896. Hier stellt sich allerdings die Frage, inwieweit Laien dies leisten konnten. Zum Repertoire der Schlierseer gehörten Stücke wie: »Schlagring«, »Girgl und Waberl«, »Jägerblut«, »Protzenbauer«, »Herrgottschnitzer«, »Almenrausch und Edelweiß«, »Liserl von Schliersee«, »Haberfeldtreiben«, »Die Z'widerwurzen«. Von den Theaterszenen der Bauerntheater war dann nur noch ein kurzer Schritt hin zum Heimatfilm.

Volkssänger und Alpensänger bzw. Bauerntheater vermitteln auf den ersten Blick zwei sehr unterschiedliche Modelle volkstümlicher Unterhaltung. Gemeinsam ist ihnen die Thematisierung sowohl des ländlichen Lebens als des Menschenschlags auf der Bühne: »Oodrahd muass ma sei.« Während die Volkssänger von Lebenswirklichkeit ausgehen und diese humoristisch überzeichnen, beschreiben sie die sozialen und gesellschaftspolitischen Bedürfnisse der Stadtbevölkerung, auch im Verhältnis Stadt–Land. Die Münchner grenzen sich von der Landbevölkerung ab. Die Alpensänger beziehen sich auf die Träume und Sehnsüchte eben dieser selben Stadtbevölkerung nach Natur, Echtheit und Sentimentalität. Die Münchner möchten diese Natürlichkeit und Urwüchsigkeit auch in sich als ihren eigenen Wesenszug erkennen, um sich wiederum so von anderen »Volksgenossen« wie etwa den »Preißn« abzugrenzen.

Doch populäre Unterhaltung fragt nicht nach Inhalten. Das Einzige, was sie interessiert, ist das Populäre, ist es, bei einer möglichst großen Zahl von Menschen anzukommen. Für das Publikum in der Stadt dürften diese beiden Sichtweisen zumindest kein Widerspruch gewesen sein, und somit für die Volkssänger auch nicht. Auch sie nahmen romantisierende Volksszenen in ihre Programme auf, weil es den Leuten gefiel, und manchmal folgte verklärende Gebirgsromantik direkt auf den tiefsten und bittersten Spott über die Landmenschen. Andersrum passte so ein »G'scheerter« in der Version eines liebenswerten Hanswursten auch gut in die Szenerie der Bauerntheater. Beiden gemeinsam ist ein und dieselbe Sprache, die sicherlich beim »G'scheerten« etwas derber war. Und die Sprache ist das Wichtigste, was Zuschauer und Bühnenfiguren miteinander verbindet. Über die Sprache läuft der größte Teil der Identifikation, der Satz »So reden wir, so sind wir« hat uneingeschränkte Gültigkeit.

Das Platzl

Platzl-Szene, 1923

Das Platzl war der gelungene Versuch, in der Stadt München ein Bauerntheater einzurichten. Karl Böhm übernahm 1901 das finanziell angeschlagene Lokal in der Münzstraße 3 (gegenüber dem Hofbräuhaus) und engagierte 1906 Hans Straßmaier mit seiner Bauernkapelle. Als Bühnenkulisse diente die Attrappe einer Almhütte. Das Programm bestand anfangs aus Gesang, Blasmusik und Grimassenschneidereien.

Hans Straßmaier hatte um 1900 die »1. Original Dachauer Bauernkapelle« gegründet und war mit großem Erfolg als »g'scheerter Dachauer« im Peterhof aufgetreten, bevor er zum

Platzl kam. Sein Markenzeichen: Bauernromantik gewürzt mit derben Sprüchen und dazu bekannte Melodien zum Mitsingen – »Lieder aus unseren Bayerischen Bergen«, Schlager wie »Das haben die Mädchen so gerne«, Soldatenlieder, Marschlieder, Schnaderhüpfl, Volkslieder, aber auch das »Fleischnot-Jammerlied«, in dem es zur Melodie des Volksliedes »Morgenrot, Morgenrot« heißt: »Leberkas, Leberkas, Du bist jetzt ein rarer Fraß«, und dazwischen in stiller Regelmäßigkeit: »Ein Prosit der Gemütlichkeit«. »Der Hauptschlager war damals der ›Pflasterermarsch‹, bei welchem mit abgestimmten Hämmern Melodien geklopft wurden.«[23] Dies machte damals Furore und wurde richtig modern. Überall, nicht nur in München, sondern auch in Nürnberg, Augsburg, Freiburg, selbst in Berlin und Köln gründeten sich Bauernkapellen, und ein Witz machte damals die Runde: Ein Musikant einer Dachauer Bauernkapelle fragt in München, wie er am einfachsten nach Dachau käme, weil er wenigstens einmal in seinem Leben sehen wolle, wie's da ausschaut.

Straßmaiers 1. Original Dachauer Bauernkapelle, Pflasterermarsch

Ende 1906 stieß Girgl Metzner zum Platzl-Ensemble, 1907 kamen Sepp Ehringer und Weiß Ferdl dazu, allesamt verkleidet als »G'scheerte« in Dachauer Tracht.

Böhms Konzept ging auf – der Erfolg war grandios. Binnen kurzer Zeit wurde das Platzl zur Institution, zum Inbegriff für volkstümliche Unterhaltung in München schlechthin und zu einer Touristenattraktion ersten Ranges. Hier wurde ab jetzt das typische Bild des Münchners geprägt, das in der ganzen Republik und darüber hinaus Verbreitung finden sollte.

»Das Platzl ist eine Volksbühne im wahrsten Sinne des Wortes, wie es vielleicht auf der ganzen Welt keine zweite mehr gibt. Da sitzt ein Kocherl mit ihrem Gspusi neben dem Mitglied des Königshauses, ein ehemaliger Reichskanzler neben einem Bauernburschen, Preußen, Sachsen, Schwaben, Rheinländer, Schwyzer, Amerikaner, alles, was einmal die bayrische Lebensart kennenlernen will.«[24] »Wer seinen Ein-

---

[23] Weiß Ferdl erzählt sein Leben, S. 79
[24] Weiß Ferdl, guat troffa, S. 23

Platzl-Szene, um 1908

tritt bezahlt, hat das Recht, von uns zu verlangen, dass wir ihn unterhalten.«²⁵

Das Programm orientierte sich an den Programmabläufen der Volkssänger: Musikstücke der Dachauer Bauernkapelle, Solovorträge des Weiß Ferdl, Lieder zum Mitsingen und kurze, meist am bäuerlichen Leben orientierte Theaterszenen, in denen das ganze Ensemble mitwirkte, umrankt von bekannten Operettenmelodien, Jodlern und Schuhplattlern. 1911 wurden die Tänzerin Loni Handl und ihr Bruder Edi ans Platzl engagiert. Sie führten Trachtentänze auf. 1912 kamen mit Gretl Winkler und Pepi Sattler die ersten berühmten Jodlerinnen dazu. Speziell Jodlerinnen sollten von nun an

²⁵ ebd., S. 24

im Platzl eine herausragende Rolle spielen: Mali Eberle, Seffi Braun, Minna Reverelli, Käthe Tellheim.

Aber im Zentrum stand der Star: Weiß Ferdl. Den ersten Höhepunkt seiner Laufbahn erlebte er mit der Gruppe »Münchner Platzl im Felde« während des Ersten Weltkriegs als Truppenunterhalter in Frankreich. Hier machte er die Erfahrung, dass er Lieder schreiben konnte, mit denen er die Gemütslage und die Hoffnungen der einfachen Soldaten genau auf den Punkt traf. Weiß Ferdl fühlte sich sein Leben lang als bayrischer Infanterist und als Mentor der Soldaten. Nach der Revolution in Bayern machte er Stimmung gegen die neuen Verhältnisse, sein Tenor: Es müsse alles wieder so werden, wie es früher einmal war. In seinen Liedern beschwor er immer wieder den Münchner der guten alten Zeit und verwies auf die edlen Werte bayrischer Lebensart, die sich nur noch schwer gegen Einflüsse von außen wie preußische Vereinnahmung und amerikanische Moden verteidigen ließen.

Die Jodlerinnen Gretl Winkler und Pepi Sattler, 1912

Von 1907 bis zum 15. Februar 1943 trat Weiß Ferdl im Platzl auf, immer vor ausverkauftem Haus. Er wurde zum »König des Münchner Humors«.[26] Allabendlich, 36 Jahre lang, begann im Platzl der Rausch gemeinschaftlich bayrischer Verzückung mit dem »Auftritts-G'sangl« der »Dachauer«:

> »Mir san ned vo Pasing, mia san ned vo Loam,
> mir samma vo dem lustigen Dachau dahoam.
> Ja mir san G'scheerte, koane Geleehrte,
> ja mir san g'scheert, wia se des g'hört.«

Diese Zeilen waren Programm im Platzl. Sie formulieren die Grundzüge der hier propagierten »echten bayrischen Lebensart«: Der wahre Bayer ist ein einfacher bodenständiger Mensch mit ländlicher Prägung. Er schöpft seinen Lebensgrund nicht aus intellektuellen Fantasien, sondern aus gemeinschaftlich überlieferten Werten, und er ist ausgestattet mit einer »gesunden« Skepsis gegenüber aller Modernität. Er besitzt eine raue Schale mit einem guten Kern, sein Wesen ist

Weiß Ferdl auf der Platzl-Bühne, 1938

---

26 Weiß Ferdl, guat troffa, S. 8

direkt, unverstellt, aber ehrlich, und seine Sprache ist derb. Der Satz »Ja mia san g'scheert, wia se des g'hört« vermittelt aber auch noch eine weitere Dimension. Der wahre Bayer ist trotz aller Widerborstigkeit und gelegentlicher Grobheit gefügig, er ordnet sich bestehenden Verhältnissen unter und ist obrigkeitshörig. Und dieses »wahre bayrische Herz« schlägt auch im »echten Münchner«.

Volkstümliche Unterhaltung der 1920er- und 1930er-Jahre

In der Zeit nach dem Ersten Weltkrieg war München heimgesucht von politischen Wirren, Terror, Inflation, Armut und Hunger. Bis ins Jahr 1923 sollte die Stadt nicht mehr zur Ruhe kommen. Die Kriegsjahre und die unruhigen Zeiten danach veränderten jedoch das soziale Gefüge der Stadt. Aus den Zuwanderern von damals waren längst Münchner geworden. Den Pöbel von einst gab es nicht mehr. Jetzt ging es erst einmal allen schlecht. Doch dadurch wurden die Karten des gesellschaftlichen Gefüges neu gemischt. Ab 1924 ging es langsam wieder aufwärts. Für viele Münchner begann sich ein bescheidener Wohlstand einzustellen. Diese machten sich jetzt auf, einer neuen Mittelschicht anzugehören. Aus ihnen rekrutierten sich nun hauptsächlich die Besucher der privaten volkstümlichen Vergnügungsstätten.

Die Münchner Bevölkerung war nun in der Weimarer Republik Teil eines neuen demokratischen Deutschlands geworden, mit einer in München höchst umstrittenen Regierung und auf der Suche nach ihrem Platz in diesem Gefüge. Viele sehnten die alten Zeiten wieder herbei, das gute alte gemütliche München, wie es vor dem Krieg gewesen war. Dieser Zwiespalt, die Sehnsucht nach dem Alten und die ungewisse Rolle im Neuen prägten nun das gesellschaftliche Befinden in dieser Stadt. Nationale und nationalistische Strömungen kamen auf und bekriegten sich mit sozialistischen und gewerkschaftlichen Bewegungen. Nur die kurze Phase eines knappen Wohlstands nach 1924 vermochte diese Kluft für wenige Jahre zuzudecken. Die volkstümliche Unterhaltung konnte sich dem nicht entziehen. Der Münchner, der Bayer, seine Wesensart im Gegensatz zu Berlin, zu Preußen und zum Rest der Republik rückten nun wieder ins Zentrum des Volkstümlichen. Die Unterhaltung im Platzl mit Schuhplattlern, Jodlern und mit zugleich derben, aber auch verklärenden Bauernpossen lag hier genau im Trend der Zeit.

Doch mit dem zunehmenden Wohlstand begannen sich die Münchner auch für neue, andere Unterhaltungsformen zu interessieren. In der zweiten Hälfte der 1920er-Jahre kamen Operetten und Ausstattungsrevuen in Mode, Josephine Baker begeisterte im Deutschen Theater. Die gute alte Volkssängerunterhaltung wurde zum antiquierten Relikt. Die Volkssängerbühnen versuchten diesen Trend aufzugreifen und verpackten nun ihre Szenen und Lieder in revueartige Abläufe mit Titeln wie »Die von der drentern Isar, Vorstadt-Operette in zwei Akten«.

Vorstadtrevue, Volkssängergesellschaft Sigl-Stettmeier, um 1925

»Früher, ganz früher, es ist schon lang her,
Da war's bei uns da herauß no' leger,
Freilich hat's damals so manches net geb'n,
Aber es war doch a ganz g'mütliches Leb'n.
Doch die Zeit ist gar weit, die is längst schon vorbei,
All's per Dampf, alles Krampf, lauter Hast, lauter G'schrei!
Alles teuer und schlecht,
Sogar d'Leut san nimmer echt!«[27]

»Wo die greane Isar rauscht,
Wo man no' echt boarisch plauscht,
Wo die kloana Häuserl'n steh'n,
Ist die Welt nochmal so schön!

Bei uns is koa Reichtum z'Haus,
's Geld macht's ja alloa net aus,
In der Hütt'n noch so klein,
Kann man glücklich sein.
Von der drentern Isar san ma z'Haus – – – Mir von der Au!
Seiner Lebtag sterben wie net aus, – – – Mir von der Au!
An der Gaudi hab'n ma unser Freud – – – Mir von der Au!
Mit oan Wort, mir Auer, mir san Leut!
hallo!«[28]

Das humoristische Abbilden von Lebenswirklichkeit war passé. Dadurch verloren diese Unterhaltungen ihren Zeitbezug und ihre Brisanz. Ihre Sprache diente nicht mehr der Beschreibung aktueller Verhältnisse, sondern beschränkte sich auf das Zitieren von Vergangenheiten. Übrig blieb eine die »gute alte Zeit« verklärende, wehmütige Vorstadtromantik, sozusagen Unterhaltung fürs Herz, Heimatliebe, sentimentales Gefühl. Vor diesem Hintergrund ist auch das Schaffen von Ludwig Prell, dem Vater von Bally Prell, zu sehen, der besonders in den 1920er- und 1930er-Jahren in München als Volkssänger und Heimatdichter bekannt wurde. In seinem heute noch bekanntesten Lied, dem »Isarmärchen«, heißt es:

[27] Alois Hönle, Die von der drentern Isar, Vorstadt-Operette in 2 Akten für 6 Damen und 4 Herren, S. 3f.
[28] ebd., S. 18f.

»Wer kennt sie nicht, die schöne Stadt,
die jeder tief im Herzen hat,
jeder, der sie einmal gesehn.
Und dazu den schönen Gau,
mit seinen Farben weiß und blau,
Bayernland, wie bist du einzig schön.
Liebe Stadt am Isarstrand,
dort, wo meine Wiege stand.
Heimatland, liebstes Vaterhaus,
wenn ich dich nur seh,
schwindet Leid und Weh,
und voller Freud ruf ich begeistert aus:
Du schöne Münchner Stadt, sei tausendmal gegrüßt!
Wer einmal g'sehn dich hat, dich nimmermehr vergisst.
Immer wieder kommt man gerne hin,
zu dir des Bayernlandes Städte Königin.
Und wenn die Sonne und der blaue Himmel lacht,
hoch über dir und deines Landes Pracht,
rauscht die Isar ihr uraltes Liedlein dazu.
Schön wie ein Märchen, mein München bist Du.«

Revue im Deutschen Theater

Liesl Karlstadt und Mizi Meier im Frankfurter Hof, 1911

Münchner Komiker K. Valentin bearbeitet und nach seinen komischen Einfällen zusammengesetzt. K. Valentin selbst tritt nicht mehr wie früher in seiner alten Art auf, sondern wird sich als Artist, wie auch als Orchestermitglied den ganzen Abend in den Dienst der Sache stellen. Erwarten Sie also von uns nichts ›Großartiges‹, sondern – auf Deutsch gesagt – eine ›Viecherei‹, entsprungen aus echt Münchner Humor.«[30]

Volkssängerabende hatten bisher aus Nummernprogrammen bestanden, in denen die einzelnen Mitglieder einer Gesellschaft ihre eigenen Stücke oder von ihnen ausgesuchte anderer Autoren vortrugen. Valentins »Tingel-Tangel« war eine Komposition, welche zwar den Stil der Nummernprogramme aufgriff, jedoch den kompletten Abend als einheitliche Inszenierung verstand. Das war neu. Aus einem bunten Volkssängerabend wurde ein einziges Theaterstück. Valentin entwickelte dieses Konzept immer weiter: Aus dem »Tingel-Tangel« wurde »Theater in der Vorstadt« und später die »Orchesterprobe«. Diese Szenerien wurden zum populärsten

[30] Ankündigung von Karl Valentins Tingel-Tangel im Hotel Wagner 1915, in Bühnenalbum 2, Nachlass Valentin, Theaterwissenschaftliche Sammlung Köln

Volkssängergesellschaft Karl Valentin und Liesl Karlstadt, Tingel-Tangel, 1915

Karl Valentin, Liesl Karlstadt: »Theater in der Vorstadt«, im Varieté »Chat Noir«, Wien 1923

Stück der Firma Valentin–Karlstadt, insgesamt standen sie hiermit 1502[31] Mal auf der Bühne.

Daneben entwickelten sie bis in die 1930er-Jahre kurze eigenständige Theaterszenen, mit denen sie im Duo oder in kleinen Besetzungen in den gemischten Programmen der Singspielhallen und Varietés Münchens, meist als die Attraktion des Abends, auftraten: »Sturzflüge im Zuschauerraum«, »Der Firmling«, »Im Photoatelier«, »Musikal-Clown«, »Elektrotechniker«, »Im Schallplattenladen«, »Theaterbesuch«, »An Bord«, »Der Bittsteller« und etliche mehr. Mit der Szene »Christbaumbrettl« gastierten sie 1923 erstmals an einem »richtigen« Theater, in der Nachtvorstellung der Münchner Kammerspiele. Hierauf entstanden auch längere Stücke wie »Brillantfeuerwerk« oder »Raubritter vor München«.

1924 eroberten sie Berlin: Ihr Gastspiel 1928 im »Kabarett der Komiker« machte sie zu den größten Unterhaltungsstars Deutschlands. Die bedeutendsten Theaterkritiker und die anerkanntesten Künstler dieser Zeit überschlugen sich mit Lobeshymnen. Ihre Gastspiele in Berlin waren wohl, zumindest was ihre Wirkung in der Öffentlichkeit betraf, der Höhepunkt ihrer gemeinsamen Karriere.

[31] Helmut Bachmaier, Manfred Faust (Hrsg.), Karl Valentin, Sämtliche Werke, Band 5: Stücke, Auftrittsstatistik von Josef Rankl, S. 536

Karl Valentin und Liesl Karlstadt führten als erste und einzige Künstler Münchens, ohne es wirklich zu beabsichtigen, die volkstümliche Unterhaltung an die Bereiche der zeitgenössischen Kunst und Literatur heran. Und mehr noch: Keinem anderen deutschsprachigen Künstlerpaar des 20. Jahrhunderts gelang es so, die Visionen und Tragödien der Moderne mit den Formen dieser populären Unterhaltung zu verbinden.

»Wenn Karl Valentin in irgendeinem lärmenden Bierrestaurant todernst zwischen die zweifelhafte Geräuschen der Bierdeckel, Sängerinnen, Stuhlbeine trat, hatte man sofort das scharfe Gefühl, dass dieser Mensch keine Witze machen würde. Er ist selbst ein Witz.

Dieser Mensch ist ein durchaus komplizierter blutiger Witz. Er ist von einer ganz trockenen, innerlichen Komik, bei der man rauchen und trinken kann und unaufhörlich von einem innerlichen Gelächter geschüttelt wird, das nichts besonders Gutartiges hat. Denn es handelt sich um die Trägheit der Materie und um die feinsten Genüsse, die durchaus zu holen sind. Hier wird gezeigt die Unzulänglichkeit aller Dinge, einschließlich uns selber. Wenn dieser Mensch, eine der eindringlichsten geistigen Figuren der Zeit, den Einfältigen

Karl Valentin und Liesl Karlstadt in »Sonntag in der Rosenau«

die Zusammenhänge zwischen Gelassenheit, Dummheit und Lebensgenuss leibhaftig vor Augen führt, lachen die Gäule und merken es tief innen.«[32]

Als Basis ihres Werks diente Karl Valentin und Liesl Karlstadt der zentrale Satz der Münchner Volkssängerunterhaltung: Die Lebenswirklichkeit der einfachen Leute sollte auf humoristische Weise überzeichnet werden.

»Und da, wo ich einen auftrieben hätt, kostete ein Kommunionanzug heute 65.- Reichsmark, ja, ja, mia wars ja gnua, das kann mir ich als Mittelständler nicht erlauben, dass ich für den Buam 65.- RM am Tisch hinleg – ich bin koaner von der Bourgeoisie, i muss mir mei Geld mit der Hände Fleiß verdienen, na hab i mir denkt, koan neuen konnst net kaufen, kauf dir halt oan von Herrschaften abgelegten Kommunionanzug, zu alle Tandler bin i, in meinen sämtlichen Stammkneipen hab ichs rumerzählt, nichts wars, die ganze Hoffnung hab ich schon aufgegeben.«[33]

Die exakte Beobachtung der realen Lebensumstände der einfachen Leute war Grundlage für viele Theaterszenen von Karl Valentin und Liesl Karlstadt. Liesl Karlstadt erzählte später, sie seien oft in einfache, billige Vorstadtgaststätten gegangen, um die Menschen zu studieren. Eine Episode aus Karl Valentins Jugenderinnerungen mag beispielhaft, gleichsam wie eine Parabel, seine Haltung zum Spiel dokumentieren. Valentin erzählte, als Kind habe er immer wieder gerne Sanitäter gespielt. Hierfür brauchte man Verletzte. Doch mit Kindern, die Verletzte spielten, konnte und wollte er nichts anfangen. Sein Spiel brauchte einen realen Grund. So streute er auf der Wiese Glasscherben aus. Nun hatte er richtige Verletzte, die abtransportiert und verarztet werden konnten, denn die Kinder liefen damals meist barfuß.

Sanitäterspiele in der Münchner Vorstadt Au, um 1890

[32] Bert Brecht in: Helmut Bachmaier (Hrsg.), Kurzer Rede langer Sinn, Texte von und über Karl Valentin, S. 284
[33] Helmut Bachmaier, Manfred Faust (Hrsg.), Karl Valentin, Sämtliche Werke, Band 5: Stücke, Der Firmling, S. 80

Diese Geschichte beschreibt zweierlei, zum einen Valentins Verwurzelung im Realen, zum andern: Sein Spiel schreckt vor nichts zurück. Valentins Theater ist grausam, versteckt und offensichtlich. Dem Geigenvirtuosen wird auf der Bühne die Geige gepfändet, der Bittsteller vom Kind des Geheimrats malträtiert, dem Paar in der Erbschaft bleibt nicht einmal mehr eine Glühbirne. Valentins Szenen fußen auf für deren Protagonisten existenziellen Tragödien, aus denen sie versuchen, sich herauszuwurschteln. Sie schildern uns immer wieder Personen, die mit dem Bewusstsein leben, den Anforderungen der Welt nicht gewachsen zu sein. Daher muss alles genau überlegt und hinterfragt werden, jedes Wort wird verdreht und auf die Goldwaage gelegt bis ins Absurde. Nichts ist selbstverständlich.

In der volkstümlichen Unterhaltung gab es vor und nach Valentin nie existenzielle Tragödien, und Grausamkeiten schon gar nicht. Hier fanden sich bisher stereotype Figuren ein, die stellvertretend für eine Gruppe von Menschen Sprachrohr waren. Damit hatte Valentin nichts am Hut. Mit ihm kam das Individuum auf die Bühnen der volkstümlichen Varietés und Singspielhallen Münchens. Bei ihm gab es keine verklärenden Szenerien von Gemeinschaften, sondern die Schicksale Einzelner, die genötigt waren, ihr Leben selbst zu meistern. Dadurch ragte er über die populäre volkstümliche Unterhaltung hinaus. Die Gemeinschaft war die Essenz des Volkstümlichen, das Individuum hatte hier keinen Platz, es sei denn als Teil der Gemeinschaft.

Ab 1933, mit der Machtergreifung der Nationalsozialisten, änderten sich die Arbeitsbedingungen für Bühnenkünstler grundlegend. Mit humoristischer Betrachtung von Lebenswirklichkeit war es nun endgültig vorbei. Außerdem war es verboten, sich über Politik, Partei, Militär, Beamte, Preußen, Bauern und staatliche Maßnahmen lustig zu machen. Alles Volkstümliche wurde verklärt und politisch vereinnahmt. Erlaubt waren harmlose Bauernpossen, rührselige Komödien und Lehrstücke im Sinne des nationalsozialistischen Geistes. Daneben wurde das Kino mit der Erfindung

Karl Valentin und Liesl Karlstadt im Film »Die Erbschaft«, 1936

Karl Valentin im Film »Die Erbschaft«, 1936

Karl Valentin und Liesl Karlstadt in der Szene »Der Firmling«

des Tonfilms in der Gunst des Publikums für sehr viele private Theaterunternehmer endgültig zum übermächtigen Konkurrenten. Viele Privattheater mussten schließen. Dafür wurde die Unterhaltung im Rundfunk immer bedeutender und populärer. Rundfunk und Film waren im Sinne der NS-Ideologie leicht zu kontrollieren und zu zensieren, Theaterunterhaltung nicht. Und für das große Publikum war Radiohören neu und bequem. Man musste nicht mehr irgendwelche Etablissements aufsuchen, sondern ließ sich zu Hause unterhalten. Auch Karl Valentin und Liesl Karlstadt haben ab 1937 viele Aufnahmen für den Rundfunk gemacht. Doch ansonsten wurde es auch für sie schwieriger, aufzutreten.

In den 1930er-Jahren drehten Karl Valentin und Liesl Karlstadt den Großteil ihrer gemeinsamen Filme. Karl Valentin war bereits in den 1910er-Jahren der Filmpionier Münchens. Er eröffnete 1912 das erste Münchner Filmatelier, mit dem er bereits nach sechs Monaten wieder pleiteging. Eigene Filme zu machen, war Karl Valentins große Sehnsucht, zu gerne hätte er aus seinem »Raubritter vor München« einen Spielfilm gemacht[34], aber daraus wurde leider nichts. Man verfilmte zwar seine bekanntesten Szenen, doch die Filme, die er machen wollte, blieben ihm versagt. Und wenn es ihm doch gelang, einen Film nach seiner Vorstellung zu drehen, wurde er verboten, wie etwa 1936 der Film »Die Erbschaft«. Man wollte einen volkstümlichen Valentin, und in den Spielfilmen, in denen er mitwirken durfte, setzte man ihn so ein. Doch es gab keinen volkstümlichen Valentin, den hat es nie gegeben. Den nationalsozialistischen Machthabern ging er aus dem Weg, und mit volkstümlich bajuwarischer Gaudi hatte er noch nie etwas am Hut gehabt. Im Gegenteil, Valentin wurde in seinem Spätwerk, von dem das Wenigste zu seinen Lebzeiten zur Aufführung kam, immer ernster und bitterer. Und die Lebenswirklichkeit der einfachen Leute hat er nie aus den Augen verloren.

[34] Detaillierte Konzepte hierzu finden sich in seinem Nachlass und wurden im Band 8 der Gesamtausgabe veröffentlicht.

Weiß Ferdl

Im Gegensatz dazu bediente Weiß Ferdl in den 1920er-Jahren die Sehnsucht der Münchner und Bayern nach einer eigenständigen Identität im Wirrwarr der Weimarer Republik.

»Alles Zeitgeschehen wurde von meinem bairischen Standpunkt aus glossiert.«[35]

»Also wir Bayern sind nicht gegen den Einheitsstaat, wir wollen nur verhüten, dass alles preißisch wird, das brauchts nicht. … Wenn wir den Einheitsstaat kriegen, dann verschwindet alles Blau, na gibt's koa Blaukraut a nimmer. … Wenn wir den Einheitsstaat kriegen, werden alle unsere Schmankerl von der Speiskarte verschwinden. Statt Leberknödel heißt's dann Klops alla Königsberg, statt Schweinshaxen Eisbein mit Sauerkohl, und Dampfnudeln gibt's dann überhaupt nimmer, weil uns dann der Dampf ausgeht im Einheitsstaat. Wissen Sie, das ist das Ungerechte, dass alles das, was von uns kommt, und wenn's zehnmal besser ist als wie das ihrige, das ist nichts, bloß des eahna is was. Dabei hab'n wir Bayern die ältere Kultur, jawohl, mia hab'n schon Häuser baut und Unterhosen trag'n, da sand de no mit'm Bärenfell umeinander g'laufen. Aber mia san ja so dumm und machen eahna alles nach. De nehmen nichts an von uns, nein, gar nichts. Nichts nehmen's an, bloß unser Geld, das ist das einzige. … Überall werden wir Bayern hint hing'schob'n. … Sogar unseren Bayerischen Landtag wolln's uns nehmen, ich bitt Sie um alles in der Welt, wenn wir keinen Bayerischen Landtag mehr haben, ja wo solln sich denn dann unsere bayrischen Volksvertreter ausruh'n, ah – na na – ausreden, wollt ich sagen. Der Bayerische Landtag ist die Stelle, da wo, wenn uns die Belange ausgeh'n, die neu g'macht werden, und den müss ma haben, denn wenn mia keine Belange hab'n, dann hab'n mia nichts zum Kämpfen, und wenn wir nichts zum Kämpfen haben, dann haben wir nichts zum Schimpfen, und wenn wir nichts mehr zum Schimpfen haben, dann ist Bayern verloren.«[36]

[35] Weiß Ferdl erzählt sein Leben, S. 96
[36] Weiß Ferdl, Der Einheitsstaat, Grammophon 24165

Weiß Ferdl, Zigaretten-Sammelbild

Das Platzl war die einzige Bühne Münchens, der weder der Kinoboom noch in den 1930er-Jahren nationalsozialistische Restriktionen irgendetwas anhaben konnten. Es blieb der Hort volkstümlicher Unterhaltung in München und Publikumsmagnet für Menschen aus nah und fern. Alle fanden hier genau das, was sie sich schon immer unter dem volkstümlichen Bayern vorgestellt hatten, die Münchner und Bayern verklärende Demonstrationen ihrer einzigartigen Lebensart, und für die Münchenbesucher bestätigten sich hier auf eindrucksvolle Art und Weise sämtliche Klischees von den »ollen Bayern«. Jeder bekam das, was er hören wollte. Und das alles fokussierte sich in der Person des Weiß Ferdl.

Weiß Ferdl hatte eine geniale Begabung: Er traf stets das Gefühl seiner Zuhörer, den Tonfall der Zeit. Er war ein Vollbluthumorist, ein ausgezeichneter Sänger und ein charismatischer Unterhalter. Seine obersten Ziele hießen: bei möglichst allen beliebt zu sein und sich in jede Zeit hineinzufinden, wie er selber sagte. Sein Humor spiegelte die öffentliche Meinung und zeigte die verschiedenen Haltungen und Ansichten der Leute, die er nebeneinander stellte. Der eine sagt so und der andere so, und dieser meint dies und jener das und »I sag net so oder so, damit hernach keiner sagen kann, i hätt so oder so g'sagt« – das war seine Devise. Jeden konnte er auf diese Weise zu Wort kommen lassen, alles süffisant kommentieren, nah am Puls der Zeit.

Weiß Ferdls Kunst war die Andeutung. Ohne sich je festzulegen und ohne je irgendjemandem wehzutun, wurde er in München zu einer gewichtigen Stimme im öffentlichen Diskurs. Er gab sich als das Sprachrohr des kleinen Mannes. Seine beiden großen Themen waren: das Wesen der Münchner und der Bayern und das Verhältnis der Bayern und der Preußen.

»Preißn derblecken« gehörte in der münchnerischen Unterhaltung zum »guten« volkstümlichen Ton. Doch aus der ursprünglichen Boshaftigkeit wurden Scherze, mit zartem Spott, der keinen verletzte, ganz nach dem Motto: »Was sich liebt, das neckt sich.« Weiß Ferdl war ein Meister darin. Und die vielen Norddeutschen im Platzl wären wohl sehr enttäuscht gewesen, hätten sie keine Witze über die Preußen gehört.

Titelblatt: Weiß-Ferdl-Buch »Meine Vorträge«

Weiß Ferdl war der bayrische Vorzeigekomiker des Dritten Reiches, von dessen Werten und Maßnahmen er grundsätzlich überzeugt war. So hörte sich sein »kritischer Humor« während der NS-Zeit an:

Weiß Ferdl

»Schon im grauen Altertum freuten sich die Leute, wenn ein Spaßvogel über die Großkopferten etwas sagte, und das ist bis zum heutigen Tage gleich geblieben. Zurzeit hat halt ein Komiker bei diesem Thema Konzentrationshemmungen, Sie werden das verstehen. Aber ich weiß auch, dass die wirklich großen Männer, dass die schon auch an Spaß verstehen. Die lachen selber drüber, und die wissen auch genau, dass, wenn ein kleiner Komiker einen Witz macht, dass deshalb ihre Position noch lange nicht erschüttert ist. Unangenehm sind aber die anderen, die sich immer einbilden, Großkopferte zu sein, und sind gar keine. Solche G'schaftlhuber hat's immer gegeben, man nennt sie jetzt Hundertzehnprozentige. Man wird doch noch lachen dürfen. Es heißt ja immer Kraft durch Freude.

Gibt's eine schönere Freude als wie die Schadenfreude? Nein! Über die prominenten Persönlichkeiten existieren schon viele Witze, die die Herrn sicher selber kennen. Interessant ist es nur, wie die erzählt werden. Während denn die wirklichen Nationalsozialisten, SA- und SS-Leute solche Witze hemmungslos mit voller Namensnennung erzählen, ihnen kann ja nichts passieren, sind andere etwas vorsichtiger. Der trifft einen Freund, will ihm den Witz erzählen, schaut rechts, nach links, nach oben, nach unten, und dann wispelt er ihm ins Ohr den Witz. Wenn nun sein Freund lacht, dann ist's gut. Wehe, wenn aber der ein bedenkliches Gesicht macht. Dann kriegt's der Witze-Erzähler gleich mit der Angst und sagt: ›Ja, ich hab ihn halt auch g'hört, er wird jetzt überall erzählt, mh, ja, also, Heil Hitler.‹

Der Name des Führers, der muss viel zudecken. Wenn jetzt zwei streiten, sofort kommen sie auf das politische Gebiet. Neulich hat ein Hausbesitzer, eines der bedauernswertesten Geschöpfe der Jetztzeit, mit einem Spenglermeister an Krach g'habt, wegen den Dachrinnen. Sagt er, ›ihr seid's ja

»Ach so, da bist allwei grad aus, da hörst as a so schon brüalln.«

»Watt, die Löven?«
»Na, d'Preißen«

Weiß Ferdl und die Preußen

ausg'schamt, mit euch kann man net arbeiten, ihr seid's ja ärger als wie die Juden.‹ Jetzt fing der Spenglermeister an: ›So, da heißt's, man soll den Handwerksstand wieder auf d'Füß stell'n, weil ma ja scho halbert am Verrecken sind, dann wenn ma ein paar Pfennig verlangt, dann is euch alles zu viel, es Hungerleider, es traurigen. Ihr waart ma de richtigen Volksgenossen, mordstrumm Hakenkreuz-Fahner raushängen und an andern d'Gurgel zudrücken. Schämts euch.‹

Jetzt fing aber der Hausbesitzer an: ›A so kaamst ma du, du April-Nazi, du trauriger, den schau o, du bist ja erst zu uns kemma, wie's koa andere Partei nimmer geb'n hat, meinst, ich hab das nicht g'spannt, dass du mir alte Dachrinnen nauf g'macht hast, das wenn ich dem Arbeitsbeschaffungsminister sag, weißt, was der tut, der nimmt die Dachrinn und haut's dir so lang um's Maul rum, bis du hint die Hakenkreuz verlierst. Du Bazi, du schlechter.‹

Auch daheim im trauten Familienkreis gibt's oft Differenzen, und auch da geht's ans Politische. Er wirft ihr vor, ›Du willst a deutsche Hausfrau sein, du waarst ma de richtige deutsche Hausfrau, das ganze Geld, des tragst zu der Modistin und zu der Schneiderin, das sind aber keine Notstandsarbeiten, wenns'd du dein Ditschi sechs Mal umarbeiten lässt, anstatt dass du mir meine Unterhosen flickst, rauchst Zigaretten, eine deutsche Frau, die raucht nicht, die schnupft, das merkst da.‹

Jetzt fing sie an: ›Du brauchst erst was sagen, du waarst ma da richtige Nazisozi, und jeden Tag a Versammlung und jeden Tag an Appell und jeden Tag kommst mit'm Rausch heim und bist b'soffen, des wa ma de richtige Bewegung, beweg dich daheim im trauten Familienkreise, da hast du die Gelegenheit, am Wiederaufbau Deutschland mitzuarbeiten. Das ist auch deine Pflicht als deutscher arischer Mann, das will der Führer, und ich bin auch nicht dagegen.«[37]

Die Dachauer vom Platzl auf KDF-Ausflug

Weiß Ferdls Auftritte erweckten stets den Eindruck, er könne und müsse das »traditionell Bayrische« gegenüber allen Attacken modernistischer Angriffe verteidigen.

Dennoch verstand er es geschickt, die Programme im Platzl an den jeweiligen Zeitgeschmack anzupassen. Sämtliche damals populäre Stoffe wurden in einen neuen bayrischen Rahmen umgeschrieben, nach dem Motto: In Bayern gehen die Uhren anders. Aus dem »Weißen Rössl« wurde ein »Weißes Pferdl«, aus der »Lustigen Witwe« ein »Lustiger Witwer«, aus der »Revue« eine »Rävü«, und 1937 hatte sogar eine Carmen-Parodie am Platzl Premiere, in der eine bis dahin weitgehend unbekannte junge Frau mit dem Pseudonym Kramer Resl die weibliche Hauptrolle spielte. Diese Kramer Resel sollte nach 1945 mit dem Namen Erni Singerl zu einer der populärsten bayrischen Volksschauspielerinnen werden.

Das Platzl, die einzige Bühne, die sich als volkstümliches Thea-

---

[37] Weiß Ferdl, Das kitzlige Thema, Telefunken 6009

Weiß Ferdl in seinen Filmrollen, Postkarte

ter in München gegenüber allen Moden und Zeitströmungen der Unterhaltungsbranche des 20. Jahrhunderts behaupten konnte, wurde zur Talentschmiede für viele junge Schauspieler, die sich im volkstümlichen Fach versuchen wollten. Aus seinen verschiedenen Ensembles ging eine Reihe hervorragender Volksschauspieler hervor: Michl Lang, Wiggerl Schneider, Karl Tischlinger, besagte Erni Singerl und viele andere.

Im Jahr 1946 erlebte Weiß Ferdl mit seinem Vortrag »Ein Wagen von Linie 8« ein letztes Comeback. Hier griff er eine Idee auf, die Hans Straßmaier mit dem Titel »Münchner Straßenlärm« bereits 1913 auf eine Schellackplatte aufgenommen hatte und die seither in vielerlei Varianten zum festen Repertoire Münchner Volkskünstler gehörte: Ereignisse während einer Münchner Straßenbahnfahrt. Im Mittelpunkt hier: der g'scheerte Münchner. Auch von Liesl Karlstadt gibt es eine ähnliche Szene, später von Ida Schumacher. Mit diesem Lied hat sich Weiß Ferdl bis heute tief in die Herzen der Münchner und der Bayern eingegraben:

»›Nächste Haltestelle, Gabelsbergerstraße, steigt jemand aus?‹
›Ach, bitte schön, Herr Schaffner, Max-Weber-Platz?‹
›Jetzt is de no allaweil da, mein Gott, i hab Eahna doch scho

zwanz'g Mal g'sagt, am Stachus, bei der letzten Station, hätten S' raus müssen!‹

›Was? Oh Gott, oh Gott, mich trifft der Schlag!‹

›Gut, dann bleiben S' sitzen bis zum Nordfriedhof!‹«[38]

Volkstümliche Unterhaltung nach 1945

Am Montag, dem 30. April 1945, etwa gegen vier Uhr nachmittags besetzten die amerikanischen Truppen den Münchner Marienplatz. München war befreit, der Kriegshorror beendet. »In mehr als siebzig Luftangriffen war das Stadtbild teilweise bis zur Unkenntlichkeit zerstört und fast die Hälfte der Bausubstanz vernichtet worden; von mehr als 262 000 Wohnungen des Jahres 1939 waren 81 500 völlig zerbombt, … In dieser Ruinenlandschaft, (…) lebten aber immer noch … etwa 480 000 Menschen, für deren Ernährung ebenso gesorgt werden musste wie für ihre Behausung und Bekleidung.«[39]

Die meisten Münchner erlebten das Kriegsende als Erlösung, viele feierten. Es war wie endlich wieder Atmen, nach Monaten des Luftanhaltens. Jetzt war es vorbei, wer jetzt lebte, hatte überlebt. »Eine Art Verzückung ergriff die Menschen, die, noch das Grauen des Krieges um sich, in eine schönere Welt zu flüchten versuchten. Sie mochten hungern und frieren – aber es musste auch eine Welt geben, die mit dieser Realität nichts zu tun hatte. Ohne diese Hoffnung hätten sie die Wirklichkeit nicht ertragen können. Da war der Volksempfänger, der Abend für Abend Schnulzen in die kalten Stuben trug. Sie saßen in Decken gehüllt, schlürften bitteren Brombeerblütentee und lauschten auf Stimmen, die von Capri und der Adria sangen. … Wie Pilze schossen sie aus dem Boden, die ›Kabaretts‹, die Brettln, die Theaterchen und andere Bühnen. Eine wahre Besessenheit erfasste vor allem die jüngeren Menschen. Der Krieg war aus, das Leben sollte weitergehen. Eintritt zu die-

[38] aus Weiß Ferdl, Ein Wagen von der Linie acht, Telefunken 11145, 1946
[39] Friedrich Prinz, Marita Krauss (Hrsg.), Trümmerleben, Texte, Dokumente, Bilder aus den Münchner Nachkriegsjahren, S. 8f.

München 1945, Foto: H. Schürer

sen Brettln musste mit Briketts oder in Naturalien entrichtet werden. Unter den unzähligen Schuppen dieser Tage ragte die ›Schaubude‹ hervor, die unter der Ägide Erich Kästners eine Blütezeit sondergleichen erlebte. Ich erinnere mich noch genau des Abends, an dem Ursula Hercking Kästners Lied ›… denn wir haben, wir haben den Kopf noch auf dem Hals!‹ sang. Die Menschen rasten, es war eine Kundgebung, wie ich sie selten erlebt habe. Viele weinten, auch ich. Jeder fühlte, jetzt muss eine neue Zeit beginnen.«[40] Und sie sollte beginnen.

Der Blick der Menschen richtete sich wieder nach vorne. Vergangenheitsbewältigung stand nicht zur Debatte.

In einer amerikanischen Bar

Die Leute wollten lachen und sich amüsieren, standen Schlange vor den Tanzlokalen. Ein neues »amerikanisches« Lebensgefühl machte sich breit. Amerikanische Bars und Clubs, Jazz und Coca-Cola bestimmten nun das Leben der Münchner, besonders das der jungen. Kinos eröffneten wieder. Am 13. November 1945 berichtete die »Süddeutsche Zeitung«: »München hat wieder 14 Lichtspieltheater mit einem Fassungsraum von ungefähr 5000 Sitzplätzen.« Auf dem Programm standen hauptsächlich amerikanische Filme. Aber auch die populäre volkstümliche Unterhaltung, wie sie vor dem Krieg in München besonders im Stil der Platzl-Unterhaltung gepflegt worden war, erfreute sich wieder außerordentlicher Beliebtheit.

Die Theater mit volkstümlicher Unterhaltung

Wer ein Theater eröffnen wollte, musste bei der amerikanischen Militärregierung eine Lizenz beantragen. Das wichtigste Kriterium hierbei war: Künftige Theaterleiter hatten eine politisch unbelastete Vergangenheit nachzuweisen. »Die Lizenzanwärter mussten sich jedoch alle einem besonders strengen politischen Untersuchungs- und Entnazifizierungsverfahren unterziehen. Nach erfolgter Lizenzierung war der

[40] Walter Kolbenhoff, Schellingstraße 48, Erfahrungen mit Deutschland, S. 83ff., zitiert nach Friedrich Prinz, Marita Krauss (Hrsg.), Trümmerleben, S. 7

Lizenzträger dann der Militärregierung gegenüber persönlich verantwortlich, dass sein Unternehmen politisch, künstlerisch und geschäftlich einwandfrei geführt wurde. Er musste wöchentlich den Spielplan und die Besetzungsliste vorlegen. Dem Ensemble durften nur Personen angehören, die nachweislich nie überzeugte Anhänger des Nationalsozialismus gewesen waren.«[41] Diese Lizenzpflicht endete in Bayern am 22. August 1949.[42]

Unterhaltungskünstler, die schon während der NS-Zeit Erfolge gefeiert hatten und in Künstlervereinigungen der Partei organisiert waren, hatten es schwer. Sie alle erlebten dasselbe Schicksal: Auftrittsverbot, Befragungen durch die Militärregierung, Spruchkammerverfahren. Es dauerte meist zwei Jahre, bis sie wieder auftreten durften. Die meisten wurden freigesprochen oder begnadigt, wenige, wie etwa Weiß Ferdl, als Mitläufer verurteilt.

Mit der Ausrufung des »totalen Kriegs« im September 1944 hatten überall in ganz Deutschland die Theater geschlossen. Jetzt waren die Menschen hungrig nach Unterhaltung. Ab Anfang 1946 eröffnete in München eine wahre Flut von neuen Bühnen. Doch den meisten war nur eine kurze Lebenszeit beschieden, so dem »Münchner Bürgertheater«, das hauptsächlich volkstümliche Stücke spielte und in dem Wastl Witt und Beppo Brem auftraten.[43] Nach der Währungsreform am 21. Juni 1948 löste sich dieser Theaterboom genau so schnell wieder auf, wie er gekommen war. Die meisten Bühnen mussten schließen. Das Geld war jetzt knapp geworden, das Warenangebot jedoch nahm ständig zu. Plötzlich konnten sich die Menschen wieder Dinge kaufen, von denen sie vorher nur geträumt hatten. Die Eintrittspreise in den Theatern sanken zwar, aber für die Menschen gab es nun ganz andere Verlockungen. Viele Schauspieler mussten ihren Beruf aufgeben, nur die besten konnten sich durchsetzen.

Dazu kam, dass sich die Gehälter der Schauspieler fast halbierten. Liesl Karlstadt erzählte: »Glei nach der Währungs-

[41] Elisabeth Angermair, Theater in den Nachkriegsjahren, S. 193
[42] ebd.
[43] ebd., S. 201

reform hams mir mei Gage runtergsetzt auf fünfzig Prozent, weil die Eintrittspreise heruntergegangen sind. Wie's aber dann wieder in die Höh sind, hat die Stadt das Versprechen, das sie mir gebn hat, wieder vergessen.«[44]

Als eine der ersten Bühnen in München eröffnete im November 1945 das Volkstheater mit zwei Spielstätten, zum einen im Schauspielhaus, das neben dem Prinzregententheater das einzige nicht zerstörte Theater Münchens war, und zum andern im Postsaal in Pasing. Gezeigt wurde »Sturm im Wasserglas« mit Liesl Karlstadt in der Hauptrolle. Vom Schauspielhaus zog das Volkstheater dann in den Bayerischen Hof – hier spielte die Karlstadt im Stück »Filmstar gesucht« –, später in die Reitmorstraße. Im Februar 1950 stellte das Volkstheater den Spielbetrieb wieder ein.

Nachdem der alte »Simpl« 1944 bei einem Bombenangriff zerstört worden war, eröffnete Theo Prosel 1946 den »Neuen Simpl« am Platzl und setzte zunächst sehr erfolgreich die Tradition des literarischen Kabaretts fort. Doch nach der Währungsreform blieben die Gäste aus, 1950 musste Prosel Konkurs anmelden. Am Silvesterabend 1947 traten hier Karl Valentin und Liesl Karlstadt auf und im selben Programm vor ihnen Gert Fröbe.

Zwei ganz unterschiedliche private Bühnen jedoch konnten sich im München dieser Zeit etablieren: Die Kleine Komödie und das Platzl.

Gerhard Metzner eröffnete am 2. Februar 1946 die Kleine Komödie in der Maximilianstraße 47, am Max-II.-Denkmal. Metzners Konzept war es, ein Theater mit einem kleinen Ensemble zu schaffen, das bei jedem Stück mit einem »Star« ergänzt wurde. Das Konzept ging auf. Im November 1948 hatte hier Liesl Karlstadt in »Das Konzert« Premiere. Die Kleine Komödie war das erste und bis Ende 2007 das erfolgreichste Boulevardtheater Münchens und das Lieblingstheater von Erni Singerl. Immer wieder stand sie hier auf der Bühne, zuletzt noch im Alter von 82 Jahren in der Winterspielzeit

---

[44] Theo Riegler, Das Liesl Karlstadt Buch, S. 127

2003/2004 im permanent ausverkauften Stück »Erni greift an«, in dem sie einen rasanten Tango tanzte.

Bereits 1946 nahm auch das Platzl mit neuem Ensemble seinen Spielbetrieb wieder auf. Von den alten Schauspielern waren nur wenige übrig geblieben, unter ihnen Michl Lang und Erni Singerl. Auch Weiß Ferdl konnte keine Berücksichtigung mehr finden, was ihn persönlich sehr verletzte.

Man spielte in einem durch Bombenschäden baufälligen Gebäude. Im November 1951 wurde das Platzl geschlossen, renoviert und im März 1953 in bewährter Form und unter der Direktion von Ludwig Schmid-Wildy wieder eröffnet. Die Vorstellungen waren von Anfang an ein großer Publikumserfolg und wie gewohnt täglich ausverkauft. Mit 650 Plätzen war das Platzl nun die größte Volkssänger-/Bauernbühne Münchens.

Ein Beitrag der »Münchner Illustrierten« vom 22. August 1953 stellte das neue Platzl unter der Überschrift »Am Urquell der Gaudi! Das ›Platzl‹ am Platzl is halt a Platzl!« vor: »Seit 40 Jahren verteidigt das ›Platzl‹ am Platzl in München, gegenüber dem Hofbräuhaus, erfolgreich seinen Ruf, Treffpunkt aller in München verliebten Ausländer und ›Preißn‹ zu sein. Als Pflegestätte bajuwarischen Humors ist das ›Platzl‹, wie Münchens Oberbürgermeister schrieb, der ›Weißblaue Schnörkel auf der schwarz-gelben Visitenkarte der Fremdenstadt an der Isar, der mitgeholfen hat, Bayerns Hauptstadt in der Welt populär zu machen!‹ ›So'n richt'cher Fußplattler lässt die Herzen höher schlagen‹, schrieb ein Plattlfanatiker von jenseits des ›Weißwurst-Äquators‹ überschwänglich und im guten Sächsisch auf die Speisekarte. Von der Kuhglocken-Symphonie bis zum Watschentanz wird alles geboten, was ein Touristenherz erfreut.«

Jeden Sommer gab man im Platzl ein ganz besonders »bayrisches« Programm, das speziell auf die Erwartungen der Touristen zugeschnitten war.

Das Platzl-Programm[45] vom Mai 1953 liest sich wie folgt:

»Platzl«, die Pflegestätte bayrischen Frohsinns und echter Gastlichkeit. »Unser Fähnelein ist weiß und blau«, ein Platzl-

---

45 Nachlass Erni Singerl, Monacensia München

Programm von Emil Vierlinger als Gast, mit Beiträgen von Weiß Ferdl, Olf Fischer und Willy Vierlinger. Wia's nacheinander kimmt:

Die Musikanten spiel'n auf

1. Unser Fähnelein ist weiß und blau
   (Christl Höck und die ganze G'moa)
2. Betty Horacek, kann das Jodeln nicht lassen
3. Kurz obund'n
   a) Die falsche Melodie
      (Carl Baierl, Wiggerl Schneider, Franz Stick)
   b) Die Giasinger Sirene
      (Christl Höck, Peter Steiner)
4. Stasi und Blasi (Erna Singerl und Franz Stick)
5. Beim boarischen Militär anno dazumal
   (Stick, Berger, Schneider, Maier, Steiner, Prechtl)
6. Kathi Prechtl, lässt ihr Gosch'n spaziern gehen
7. Techtlmechtl unterm Maibaum
   Jetzt tean ma a bissl verschnaufa, Bildl oschaug'n und die Musi spielt dazu
8. Hansl Berger, trommelt die G'moa wieder zamm
9. Kurz obund'n
   a) Der Sepp vor dem Vormundschaftsgericht
      (Anderl Maier, Franz Stick)
   b) Die Würfel sind gefallen
      (Fanny Elssler, Carl Baierl)
10. Wiggerl Schneider, läutet Kuhglocken
11. Almfrieden
    (Dora Altmann, Elisabeth Reichel, Kathi Prechtl, Hans Berger, Franz Stick)
12. Carl Baierl, als Feuerwehrhauptmann von Oberniederunterdingsda
13. Die drei Bazi und die sieben Favoriten
    (Erna Singerl, Dora Altmann, Carl Baierl, Hansl Berger, Franz Stick, Peter Steiner und die ganze G'moa)
    Was no alles kimmt …?
    Nix G'wiss woaß ma net …!

Erni Singerl und Carl Baierl im Platzl, nach 1953

Da war es also wieder, das seit Jahrzehnten bewährte Programm des Platzl: Jodler, Kuhglockenspieler, Sketche und natürlich Bauernpossen.

In Programmen dieser Art manifestierte sich die populäre volkstümliche Unterhaltung der 1950er-Jahre und darüber hinaus. Szenen dieser Art wurden auch jetzt zum Stereotyp und zum Inbegriff bayrischer Ausdrucksweise. Als solche wurden sie verbreitet, auf Bühnen, im Funk, später im Fernsehen und in leichter Abwandlung im Heimatfilm. Wer als volkstümlicher Sänger oder Volksschauspieler seinen Weg machen wollte, hatte sich auf Szenerien dieser Art einzustellen – oder er brauchte eine außergewöhnliche Idee.

Am 31. Oktober 1953 gab es im Platzl eine Premiere der ganz besonderen Art. Ein junge korpulente Frau stand in einem Rüschenkleid auf der Bühne, mit Krönchen und weißblauer Schärpe mit der Aufschrift »Miss Schneizlreuth«, und sang: »Mich, die Salvermoser Zenz, ham's zur Schönheitskonkurrenz nach München aufi g'schickt. Unter 20 solche Nassl hab i g'habt dös Riesenmassl und den ersten Preis gekriegt.« Das war ein gewaltiger Publikumserfolg, die Leute bogen sich vor Lachen. Über Nacht war ein neuer Münchner Unterhal-

Erni Singerl auf der Platzl-Bühne, nach 1953

Bally Prell und Emil Vierlinger

tungsstar geboren. An diesem Tag begann die unvergleichliche Karriere der Bally Prell.

Zwei Personen werden im obigen Programm genannt, welche die volkstümliche Unterhaltung im Bayern der 1950er-Jahre maßgeblich geprägt und zur Verbreitung dieser ihrer Prägung beigetragen haben: Olf Fischer und Emil Vierlinger. Sie waren die Mentoren und Motoren der volkstümlichen Unterhaltung im Bayerischen Rundfunk.

Zeitweise beschäftigte das Platzl auch noch ein zweites Ensemble, ergänzt mit ein bis zwei Stars aus dem Hauptensemble, um parallel zum Bühnenbetrieb im bayrischen Umland oder in anderen Münchner Einrichtungen Gastspiele veranstalten zu können:

> Guest Performance of The Münchner »Platzl«
> at the US Airport Casino Munich-Neubiberg
> on June 12th, 1954 at 22.00 hours by the »Platzl« Artists
> A JOLLY BAVARIAN EVENING
> performed by the »Platzl« Artists Betty Horacek, Erni Singer, Lieserl Steininger, Gerdy Steiner, Wiggerl Schneider, Walter Fiedler, Martin Prechtl, Walter Huhle.[46]

Das Platzl war bis zu seinem Ende am Silvesterabend des Jahres 1999 die populärste und bedeutendste volkstümliche Bühne Münchens.

Ein weiterer Versuch, in München eine volkstümliche Bühne zu etablieren, war das Projekt »Neues Apollotheater«. Das alte Apollotheater in der Dachauerstraße 19–21 war eine der populärsten Volkssängerbühnen der Stadt gewesen und 1929 geschlossen worden. Oskar Paulig war eine der treibenden Kräfte beim Vorhaben, dieses Theater wieder aufleben zu lassen. Künstlerischer Leiter war anfangs Willy Vierlinger, später nannte sich das Unternehmen »Pauligs Lachbühne im Apollo«. Ziel war es, eine Bühne als Alternative zur Bauernbühne Platzl zu schaffen, eine echte »Münchner Kindl«-Bühne, eine »neue Hochburg des Münchner Volkssängertums«.

[46] Archiv Koll

Das Neue Apollotheater bot im ersten Teil des Abends eine »bunte Mischung« aus Liedern, Sketchen und kurzen volkstümlichen Theaterszenen zum Münchner »Zeitgeist«, Humor im Stil der Volkssänger, im zweiten Teil Artistenunterhaltung. So liest sich ein Programm von Oskar Pauligs Lachrevue deutlich anders als das obige Platzl-Programm:

1. Das Münchner Kindl grüßt
4. Szenen aus dem Alltag, Lehrreiche Begegnungen – Feine Gäste – Beim Onkel Doktor
5. Viktoria Naelin – 1000 Worte bayrisch »gesungen«
6. Was gehen uns Privat-Affären an Eine Eheverwirrung aus unseren Tagen
11. Oskar Paulig als idealer Ehemann
15. Rock'n Roll, gesungen und getanzt
16. Am Stammtisch, »München contra Berlin« aus der Weißblauen Drehorgel des Bayer. Rundfunks von und mit Oskar Paulig[47]

Oskar Paulig in seiner Szene »Der Mensch«

Das war die andere Antipode der volkstümlichen Unterhaltung im München der 1950er-Jahre. Wobei die Inhalte, also die Themen, im Platzl oder im Apollo oft ähnlich waren, auch das Platzl hätte ohne »Zeitgeist« nicht existieren können, die Verpackung, der Grad der »Verbajuwarisierung« war es, was diese Bühnen unterschied. Die Frage nach dem idealen Ehemann konnte durchaus sowohl im Rahmen einer deftig derben Bauernposse wie auch im Rahmen eines quasi intellektuellen Diskurses mit vorstädtischem Hintergrund erörtert werden. Beide Formen der Unterhaltung, sozusagen als »Bunter Abend«-Mix, gingen in die volkstümliche Rundfunkunterhaltung ein. Die eigentlich prägende Instanz, was volkstümliche Unterhaltung betraf, war der Rundfunk. Er subsumierte alles, was ankam, und setzte gleichzeitig die Trends, denen sich niemand im populären Gewerbe entziehen konnte.

Walter Fiedler war über längere Zeit im Apollotheater als Schauspieler und Regieassistent tätig. Im Mai 1960 erhielt

[47] ebd.

Walter Fiedler, Anna Sailer und Karl Tischlinger im Apollotheater, um 1955

er für Auftritte und Proben eine Tagesgage von 15 Mark. Dem Einfluss der Platzl-Unterhaltung konnte sich aber auch das »Apollo« nicht entziehen. Szenen wie »Das rotseidene Hoserl, eine bayerische Viecherei in 2 Akten« oder »Komm auf die Berge, eine bayerische Musikalschau« waren offenbar unerlässlich. Über die 1950er-Jahre konnte sich das Apollotheater halten. Am 30. September 1960 wurde der Betrieb eingestellt, der Zuspruch war dann doch auf Dauer zu gering.

Eine weitere Bühne, die 1946 ihre Pforten öffnete, war der »Bunte Würfel« in der Preysingstraße im Münchner Stadtteil Haidhausen. Dieser entwickelte sich schnell zum Sammelbecken der besten Kabarettisten, die damals in München zu finden waren.[48] Karl Valentin und Liesl Karlstadt absolvierten hier am 31. Januar 1948 ihren letzten gemeinsamen Auftritt. Dabei holte sich Valentin angeblich auch die Lungenentzündung, an deren Folgen er am 9. Februar 1948 verstarb. Olf Fischer war im »Bunten Würfel« als Schauspieler, Regisseur und Conferencier tätig. Besonders aber als Autor von Liedern, Sketchen und kurzen Szenen wusste er zu überzeugen. Dies veranlasste Kurt Wilhelm, der damals für die Unterhaltung im Bayerischen Rundfunk zuständig war und immer wieder auch Leute aus dem »Bunten Würfel«, wie etwa Barbara Gallauner, für seine Sendungen engagierte, Fischer zum Rundfunk zu holen.

Karl Valentin und Liesl Karlstadt bei ihrem letzten gemeinsamen Auftritt im »Bunten Würfel«, 31. Januar 1948

48   O-Ton Kurt Wilhelm, in: Vater des Komödienstadels, Sendung des Bayerischen Rundfunks zum 80. Geburtstag von Olf Fischer, Eva Demmelhuber, 1997

Der Bayerische Rundfunk

Der Rundfunk war nach dem Kriegsende das wichtigste Kommunikationsmedium. Auch wenn Straßen und Häuser weitgehend zerstört und viele Menschen ausquartiert waren, ihre Rundfunkgeräte hatten die meisten gerettet. Das Zeitungswesen, die Theater mussten erst wieder aufgebaut werde, die Sendeanlagen des Rundfunks waren schnell repariert. Über das Radio konnte daher der größte Teil der Bevölkerung erreicht werden. »Es war das Radioprogramm, das in jenen ersten Nachkriegsmonaten und -jahren (…), in der Situation des Umbruchs und der Orientierungslosigkeit den Alltag der verunsicherten Bürger mit wichtigen Nachrichten, Anregungen und mit Unterhaltung intensiv begleitete, jahrelang entbehrtes und zum Teil verbotenes Kultur- und Bildungsgut aktualisierte, geistige Anregungen gab.«[49]

Logo Radio München

Radio München begann mit einem täglichen Programm von anderthalb Stunden, das vorwiegend aus Nachrichten, Anweisungen der Militärregierung oder Suchmeldungen bestand. Ab Mai 1945 nahm so zum Beispiel der Münchner Oberbürgermeister Karl Scharnagel jeden Sonntag zu aktuellen Problemen der Stadt Stellung. Aber auch die ersten Konzerte der neuen Münchner Philharmoniker wurden übertragen, und natürlich gab es Unterhaltung verschiedenster Art. Radio München war ein Sender mit hauptsächlich deutschen Mitarbeitern[50] unter amerikanischer Kontrolle. Wer beim Rundfunk arbeiten wollte, hatte sich den allerstrengsten Entnazifizierungsverfahren zu unterstellen.

»So kam es, dass die deutschen Redakteure und Sprecher der ›ersten Stunde‹ fast ausnahmslos sehr jung und oft auch ohne publizistische oder gar rundfunkspezifische Erfahrung waren,

---

[49] Rüdiger Bolz, Von Radio München zum Bayerischen Rundfunk, S. 241
[50] Die amerikanische Militärregierung suchte über das Radio Vertrauen zur deutschen Bevölkerung aufzubauen. Außerdem sollten die Deutschen die Wahrheit über das Hitler-Deutschland von Deutschen erfahren.

Titelblatt des Buches »Brumml G'schichtn«

was der Lebendigkeit des Programms durchaus zugute kam.«[51] Das Rundfunkprogramm dieser »ersten Stunde« zielte darauf ab, den Hörern neben aktuellen täglichen Meldungen zu vermitteln, dass sie nun wieder Teil einer internationalen Welt geworden waren, in der jetzt Meinungsfreiheit herrschte. Daneben war die Militärregierung daran interessiert, den Münchnern Vergangenheitsaufarbeitung sowie die Wertewelt der USA als Vorbild für Demokratie und kulturelle Pluralität näher zu bringen. An diesen Vorgaben hatten sich alle Sendungen zu orientieren. Dennoch setzte man darauf, die deutschen Redakteure diesen Rahmen frei gestalten zu lassen. Von Restriktion von Seiten der Militärregierung konnte nicht die Rede sein. Zwar mussten Manuskripte den amerikanischen Rundfunkoffizieren vorgelegt werden, aber abgelehnt wurde nur weniges, oft hatten diese Gespräche lediglich beratenden Charakter. Schnell hatte man auch bei den Verantwortlichen der amerikanischen Rundfunkbehörden begriffen, dass Kabarettsendungen und besonders volkstümlich-bayrische Unterhaltungssendungen bestens geeignet waren, das Hörerpublikum an den Sender zu binden. Am 3. Mai 1947 gingen erstmals Kurt Wilhelms »Brumml G'schichtn« auf Sendung und wurden zur damals populärsten bayrischen Unterhaltungssendung des späteren Bayerischen Rundfunks, der am 25. Januar 1949 als unabhängiger freier öffentlich-rechtlicher Sender aus Radio München hervorging.

Kurt Wilhelm war 22 Jahre alt, als er im September 1945 bei Radio München anfing. Er war zuständig für Hörspiele, speziell bayrische Hörspiele, und bunte Abende. Man suchte neue Ausdrucksweisen des bayrischen Selbstverständnisses zu finden, mit denen sich die bayrische Bevölkerung identifizieren konnte. Zudem standen, abgesehen von Liesl Karlstadt, die bekannten Unterhaltungspersönlichkeiten der Vorkriegszeit nicht mehr zur Verfügung. Man musste mit neuem Personal etwas Neues wagen, das zum einen die traditionelle bayrische Haltung transportierte und zum andern der neuen Zeit gerecht wurde. »Eine neue Sendung musste her. Bayrisch musste sie

[51] Rüdiger Bolz, Von Radio München zum Bayerischen Rundfunk, S. 244

HERR WURMDOBLER, Xaver Brummels böser Geist, der das biedere Familienoberhaupt immer wieder in die schwierigsten Situationen bringt, ist Rudolf Vogels Meisterrolle. "Grüß Gott, Herr Wurmdobler", sagen die Trambahner, wenn er "Einmal gradaus!" verlangt. "Populärer kann i nimmer wern!" stöhnt Vogel.

AUS DER JUGENDZEIT. Xaver Brummel und "sei Oide", Liesl Karlstadt, frischen diesmal die Erinnerung an ihre erste Liebe auf. "Ja mei, Xaver, wie wir zwoa noch jung warn!" seufzt sie.

Besuch bei der Brummel-Familie

Die neueste Geschichte: "Pension Fortuna"

Die Beliebtheit der samstäglichen Brummelg'schichten hat in den Jahren ihres Bestehens nicht nachgelassen. Als es kürzlich eine längere Pause im Brummelprogramm gab, häuften sich die besorgten Leserbriefe: man wollte wissen, ob vielleicht gar jemand aus der Brummelfamilie, ob etwa die Zenzi oder der Herr Wurmdobler ernstlich krank seien, weil man so gar nichts mehr hörte von ihnen. Die Figuren dieser Sendung kennt bereits jedes Kind: Herr Brummel und die Seinen sind aus dem bayerischen Volkshumor kaum mehr wegzudenken. *(Photos Grimm)*

"FERNSEHREIF." Das Besondere an den Brummelg'schichten: sie werden ohne Manuskript und im Kostüm vor einem "richtigen" Publikum gespielt. Der Hörer merkt's an der Stimmung.

sein, lustig musste sie sein, jung und frisch musste sie sein. Darauf kam es mir an. Nach längerem Überlegen auf der täglichen Straßenbahnfahrt beschloss ich, eine Sendereihe zu machen, die sich um eine feststehende Figur drehen sollte."[52]

[52] Kurt Wilhelm, Brumml G'schichtn, S. 8

Zeitungsausschnitt: Besuch bei der Brumml-Familie

Die »Familie Brumml«

So entstanden die Geschichten um die Familie Brumml. In den USA waren Familienserien im Radio bereits seit Jahren Publikumsrenner, in Deutschland kannte man so etwas noch nicht. Wilhelm gelang es, den ehemaligen Platzl-Schauspieler Michl Lang als Hauptperson, als »Vater Brumml«, zu gewinnen, obwohl dieser der Sache anfangs höchst skeptisch gegenüber stand und für einen Witz hielt. Der Name »Xaver Brumml« war dann Lang selbst eingefallen.

Da es bisher noch nichts Vergleichbares gab, musste Wilhelm die Texte für die Sendungen selber schreiben. Mit Olf Fischer gewann er später einen genialen Co-Autor, der besonders gut im Texten von Liedern war. Und dann gab es noch eine weitere wesentliche Frage: »Welche Musik sollte man dazu nehmen? (…) Das Ganze war ja eine moderne Kabarett- und Unterhaltungssendung, in der zwar bayrisch gesprochen werden sollte, die aber mit eigentlichen Heimatsendungen nichts zu tun haben durfte. (…) Ein Jazzorchester musste her. (…) Von diesem Entschluss war es nur noch ein Schritt bis zu der Idee, die beliebtesten amerikanischen Schlager der ›Zehn der Woche‹ zu nehmen und sie mit bayrischem Text zu versehen. Als Erster sollte der damalige Spitzenschlager

›Chattanooga-choo-choo‹ drankommen.«[53] Alle Sendungen wurden live, vor Publikum aufgenommen.

Der grundlegende Plot war einfach: Eine Familie, mit Vater Xaver Brumml (Michl Lang) und Mutter Resi Brumml (Maria Stadler, ab Folge 12, am 3. Juli 1949 Liesl Karlstadt), die junge Hausangestellte Zenzi (Barbara Gallauner), dazu ein Gegenspieler, ein Schwarzhändler mit dem Namen Wurmdobler (Rudolf Vogel), und als Überleitungen bekannte Schlager mit bayrischen Texten, gesungen von den »Isarspatzen«. In dieser Szenerie kamen auf satirische Weise unter Titeln wie »Das Wohnungsamt«, »Devisen« oder »Das amerikanische Duell« die gegenwärtigen Alltagsprobleme der bayrischen Bevölkerung aufs Tablett. Jede Folge hatte einen konkreten Zeitbezug und behandelte ein Thema, das zum Zeitpunkt der Sendung für alle Bayern Lebensrealität darstellte. Das alte Prinzip der Volkssängerunterhaltung, die Lebenswirklichkeit der Menschen auf humoristische Weise darzustellen, fing wieder an zu greifen. Jedoch von einer Darstellung dieser Lebenswirklichkeit, die den Ernst der Lage zeigte, wollten die Menschen damals nichts wissen. Karl Valentin war mit seinen Nachkriegsszenen genau an diesem Punkt gescheitert. Die Leute wollten hören, wie es

Trudl Guhl und Georg Blädel als »Stasi und Blasi« in der »Weißblauen Drehorgel«

Rosl Günther und Liesl Karlstadt als »Ratschenduo« in der »Weißblauen Drehorgel«

53 Kurt Wilhelm, Brumml G'schichtn, S. 10f.

jemand verstand, sich mit Blick nach vorne aus der Unbill der Zeit herauszuwurschteln. Das war das große Thema der Nachkriegszeit. Dazu Sentimentalität und Sprachwitz. Die »Brumml G'schichtn« wurden zum Straßenfeger und für viele weitere Sendungen zum Vorbild für »zeitgemäße« bayrische Unterhaltung mit einem durchaus volkstümlichen Ton. Für diesen Ton sorgte die Sprache. Was bayrisch gesprochen ist, ist bayrisch gedacht: So sind wir, und das war immer schon so.

Die zweite Erfolgsgeschichte des Bayerischen Rundfunks in puncto volkstümliche Unterhaltung war die Sendefolge »Die Weißblaue Drehorgel«. Auch hier ging es, wie bei den »Brumml G'schichtn«, um die Herausforderung, der bayrischen Eigenart im Hier und Jetzt eine neue Note zu geben. Darum, das bayrische Selbstbewusstsein mit dem Motto »In Bayern ticken die Uhren anders« zu verbinden mit dem Satz »Ja, in Bayern ticken die Uhren anders, aber sie ticken auf der Höhe der Zeit«. Eine bayrische Brettl-Sendung sollte es werden – und auch hier erinnerte man sich an die alte Volkssängerunterhaltung. Ein »bunter Abend« wurde zusammengestellt, ein Nummernprogramm in Volkssängermanier, eine Mischung, wie sie damals im Wirtshaus gang und gäbe war. Hierfür wurden kleine Ensembles gebildet. Das Duo »Stasi und Blasi«, Georg Blädel und Trudl Guhl, gab einen humoristischen Wochenrückblick über die wichtigsten Meldungen der vergangenen Woche.

Das Gesangsensemble »Die Isarspatzen« bediente mit bekannten Schlagern in bayrischer Sprache die komplette Palette bayrischer Befindlichkeit, die von Heimatromantik, wie »Hoch droben auf dem Berg«, über ländliche Stereotypen, wie »Gebrauchsanweisung zum Kammerfensterln«, bis hin zum Zeitgeist wie »Camping-Fox« reichte. Ratschkathl-Szenen mit Liesl Karlstadt, Rosl Günther, Erni Singerl, Kathi Prechtl oder Ida Schumacher transportierten menschlich allzu Menschliches, zum Beispiel die aktuellen und dennoch zeitlosen Themen wie Mode, Kinder oder das ewige Leid mit den Männern.

Michl Ehbauer brachte in seiner »Baierischen Weltgschicht« bayrische Eigenart in historische Zusammenhänge mit moralischen Resultaten:

Heimat im Bild 9. Juni 1956 N°: 23 Verlagsort Augsburg

Karl Valentins „Orchesterprobe" feiert mit Georg Blädel ihre viel belachten Urständ. Der echt bayerische Komiker hat alle Aussichten, vom Volk einmal als Nachfolger Karl Valentins akzeptiert zu werden. Aufnahmen: Schwaigeri (4)

Lisl Karlstadt, Karl Valentins langjährige treue Partnerin, tritt als Marktfrau auf und plaudert über den neuesten Klatsch wie über hohe Politik mit Kennerschaft.

Die weiß-blaue DREHORGEL

Als die beiden großen Volksschauspieler und Humoristen Karl Valentin und Weiß-Ferdl gestorben waren, da schien es schlecht bestellt um den echt bayerischen, bodenständigen Humor. Schräge Tanzrhythmen übertrumpften alte Volkslieder, gewandten Conferenciers gab man den Vorzug gegenüber Dialekt sprechenden Komikern. Damals nahm sich der Bayerische Rundfunk des heimatlichen Volkshumors an, und jede Woche verfolgen seither Hunderttausende begeisterter Hörer die Sendung der Weiß-Blauen Drehorgel. Wenn Georg Blädel und seine Kollegen ihre urwüchsigen, manchmal deftigen Witze erzählen und Rudolf Knabl Volkslieder auf der Zither spielt, fehlt nur noch die üppige „Schönheitskönigin von Schneizlreuth", um die Bayern mit ihrem Rundfunk ganz zufrieden sein zu lassen.

Als „Schönheitskönigin von Schneizlreuth" erntet die 26jährige Bally Prell immer wieder wahre Beifallsstürme. Im übrigen ist die „Schneizlreuther" Schöne weit über die Grenzen des Landes hinaus bekannt geworden. Ob das jede gekrönte Schönheit von sich sagen darf?

Die Geschwister Fahrnberger, die netten Münchener Jodlerinnen, und Rudi Knabl, der beliebte Zitherspieler, vor dem Auftritt in der Garderobe. Diese Volksmusikanten gehören mit ihren Schnadahüpfeln zu den Lieblingen des Publikums.

Zeitungsausschnitt über die »Weißblaue Drehorgel«

Rundfunkszene mit Wastl Witt, um 1950

Diese Zeilen waren Programm: Unterhaltung, durchaus zeitnah, aber mit der Intention, Die Hörer mit vergnüglichen Stunden die Härten des Alltags vergessen zu machen, quasi Nahrung für die geschundene bayrische Seele. Von Mai 1952 bis hinein in die 1960er-Jahre gab es diese »Weißblaue Drehorgel«. Aus dem Sendeformat der »bunten Radioabende« entwickelten sich später die großen Samstagabend-Fernsehshows und volkstümlichen Fernsehsendungen, bis hin zum »Musikantenstadl«.

Der Bayerische Rundfunk wurde nach 1945 zum Gestalter, Träger und Multiplikator der volkstümlichen Unterhaltung in Bayern. In seinen Sendungen konnte er sich der populärsten Schauspieler, Sänger und Akteure der bayrischen Unterhaltungsszene bedienen. Doch der Rundfunk bediente sich nicht nur der Stars, er machte sie auch. Wem es gelang, regelmäßig im Rundfunk aufzutreten, der wurde berühmt und konnte Geld verdienen. Alle anderen Künstler verarmten. Wer es aber geschafft hatte, dem standen viele weitere Türen offen. Die Karrieren von Erni Singerl und Bally Prell wären ohne ihre häufige Rundfunkpräsenz so sicher undenkbar gewesen. Die bayrischen »Rundfunk-Lieblinge«, wie man sie nannte, waren begehrt als Stargäste bei Theatertourneen, Firmenjubiläen, offiziellen Anlässen aller Art und nicht zuletzt als Filmstars in Heimatfilmen.

Diese waren eine weitere Domäne der 1950er-Jahre und zeigten meist seichte Kost in ländlich-bajuwarischer Idylle: Liebesgeschichten, Jägergeschichten, Berggeschichten, Schwänke aller Art, immer mit Happy End. Wastl Witt, Michl Lang, Beppo Brem wurden so zu Filmstars. Erni Singerl begann ihre Leinwandkarriere mit den Filmen »Ehestreik« (1953) und »Der Jäger von Fall« (1956), in denen sie jeweils eine Magd zu spielen hatte.

Olf Fischer

Eine weitere Idee des Olf Fischer war es, Aufführungen von Bauerntheatern im Rundfunk als Hörspiele zu senden. Auch hier tat er sich nicht nur als geistiger Vater, sondern vor allem auch als lautstarker Regisseur hervor. So entstand der »Komödienstadel«, eine Sendereihe, die anfänglich im Radio und ab 16. Mai 1959 im Fernsehen populäre bayrische Theaterszenen auf die Bühne brachte, einfache Volksstücke genauso wie Szenen von Ludwig Thoma oder Georg Queri. Legendär »Die drei Eisbären« (1961) von Maximilian Vitus, dem ersten Platzl-Direktor nach dem Krieg, »Der Geisterbräu« (1963) oder der »Der verkaufte Großvater« (1967). Die Karriere der Erni Singerl wäre ohne ihre grandiosen Auftritte im »Komödienstadel« sicher anders verlaufen.

Doch der Bayerische Rundfunk war nicht nur eine Sendeanstalt, er war auch Veranstalter von volkstümlicher Unterhaltung, denn die »Weißblaue Drehorgel« wurde live vor Publikum für das Radio aufgezeichnet. Darin lag das eigentliche Geheimnis ihres Erfolgs. Der Rundfunk verfolgte hiermit das Konzept, nicht nur die Hörer vor die Apparate zu locken, sondern mit seinem Programm direkt zu den Men-

Titelblatt der Zeitschrift »Die Rundfunk-Lieblinge«

Bühnenszene mit Georg Blädel, um 1955

schen zu gehen. Man reiste unter hohem Aufwand durch das Land, mindestens einmal im Monat, und spielte in Kongresssälen, Kurhäusern oder Stadthallen, in Waldmünchen, Illertissen, Tirschenreuth, Mindelheim, Rosenheim, Regen, Landshut und in vielen weiteren Städten Bayerns. Man gastierte in Salzburg und Innsbruck und einmal, am 11. Oktober 1957, sogar in Hamburg.

So wurden die »Rundfunk-Lieblinge« als »Stars zum Anfassen« präsentiert, was deren Popularität ungemein erhöhte. Und für die Gemeinden in Bayern und deren Repräsentanten war es eine hohe Ehre, vom Rundfunk mit der »Weißblauen Drehorgel« besucht zu werden.

Tourneetheater

Diesen Gedanken machten sich auch kommerzielle Theaterveranstalter zu Nutze. Sie engagierten eben jene »Rundfunk-Lieblinge«, Liesl Karlstadt, Bally Prell, Georg Blädel und etliche andere, um sie in Programmen, die an die bunten Abende des Rundfunks angelehnt waren, auf Tournee zu schicken.

Eines dieser Unternehmen war die Konzertdirektion Rudolf Kempf. Rudolf Kempf war gelernter Buchhändler und hatte vor 1945 einen Buchladen in Erfurt betrieben. Da er den Nazis unliebsame Bücher verkaufte, erhielt er Berufsverbot. Nach dem Kriegsende durfte er den ersten Buchladen Erfurts eröffnen. Doch nun begann dasselbe Spiel, nur anders herum. Diesmal missfiel den Kommunisten das Buchangebot des Rudolf Kempf, also folgte wieder Berufsverbot. Kempf ging nach Berlin und gründete dort die Konzertdirektion Kempf. Er veranstaltete Theatergastspiele mit prominenten Schauspielern. So war er der Erste, der Heinz Rühmann 1946 wieder auf Tournee schickte. Anfang der 1950er-Jahre weitete Rudolf Kempf seinen Betrieb nach München aus und wurde zu einem der wichtigsten Gastspielveranstalter Deutschlands. Er schloss mit dem Bayerischen Rundfunk ein Abkommen, das ihm gestattete, die Titel von bekannten und beliebten Rundfunksendungen, wie etwa »Bayerisches Karussell«, für seine Gastspielprogramme zu verwenden. So reisten bald die damals populärsten Stars der bayrischen Rundfunkunterhaltung landauf, landab und boten unter Titeln, die dem Publikum vom Rundfunk her vertraut waren, bunte Unterhaltungsabende. Die Organisation dieser Gastspiele war höchst ausgeklügelt. Man reise mit Privatfahrzeugen und spielte in zwei nahe beieinander liegenden Städten gleichzeitig. Die Truppe wurde in zwei Teile geteilt, der erste Teil trat in der einen Stadt, der zweite Teil in der anderen auf. Diejenigen, die ihr Programm absolviert hatten, wechselten die Stadt. So wurden gleichzeitig zwei Veranstaltungen bedient und man hatte doppelte Einnahmen, die Künstler jedoch wurden nur für einen Abend bezahlt, der zwei Auftritte beinhaltete. Den Lohn für die Arbeit gab es meist direkt nach der Veranstaltung. Liesl Karlstadt bekam, wie Walter Fiedler erzählte, pro Abend etwa 100 Mark, er selbst, der in diesen Programmen Weiß-Ferdl-Sketche zum Besten gab, erhielt 30 Mark. Beiträge zur Sozialversicherung der Künstler wurden, zumindest für Fiedler, damals noch nicht entrichtet.

Die Konzertdirektion Kempf war in den verschiedensten Sparten der Unterhaltungsbranche tätig. Kempf holte zum Beispiel 1956 Slavko Avsenik und seine »Original Oberkrainer« erstmals nach Deutschland und veranstaltete das erste Konzert mit Herbert von Karajan in München, was aber völlig in die Hose ging, da nur zehn Prozent der Karten verkauft werden konnten. Rudolf Kempf verstarb 1981.

Das magische Wort für das Lebensgefühl der Menschen in den 1950er-Jahren hieß »Wirtschaftswunder«. Das Motto dieser Zeit war: Unter das Gewesene muss ein Schlussstrich gezogen werden, alles, was war, ist jetzt vorbei, jetzt schauen wir wieder nach vorne und nur nach vorne. Das Einzige, was jetzt zählte, war der Wiederaufbau, der Wiederaufbau des Landes genauso wie der »Wiederaufbau« einer jeden persönlichen Existenz. »Wir wollen wieder wer sein!« lautete die Devise, und relativ bald, spätestens am 5. Juli 1954, am Tag des »Wunders von Bern«, als Deutschland Fußballweltmeister wurde und Zehntausende die Sieger am Münchner Marienplatz empfingen, konnte man sagen: »Wir sind wieder wer!«

In den Jahren zuvor hatten alle Schreckliches erlebt, im Krieg, in der Gefangenschaft, im Bombenhagel, auf der Flucht, was jetzt wie ein Trauma auf den Menschen lastete. Der verlorene Krieg mit all seinen Gräueltaten, die Zerstörung des Landes bis hin zur Besatzung waren aber auch für jeden Einzelnen Zeichen einer persönlichen Niederlage. Jeder hatte verloren, Eltern, Kinder, Väter, Mütter, Ehemänner, Gesundheit, Wohnung, Hab und Gut, die ganze Existenz. Jetzt stürzte man sich in die Zukunft: anpacken, Disziplin, Leistung, arbeiten bis zum Umfallen. Man sehnte sich wieder nach »geordneten Verhältnissen«, suchte den Erfolg, um die Niederlage auslöschen zu können. Angesichts des Gewesenen wollte man vergessen, nichts mehr davon hören, schweigen. Auch mein Vater hat nie freiwillig über Ereignisse aus dem Krieg gesprochen. Dieser Teil der Lebenswirklichkeit wurde ausgeblendet und mit ihm alle damit verbundenen Fragen nach persönlicher Schuld. Darin war man sich einig: Fragst du nicht nach meiner Schuld, frag ich nicht nach deiner. Der Indikator für die neue Existenz, für die »geordneten Verhältnisse«, für den gesellschaftlichen Erfolg hieß Wohlstand. Dieser ließ sich messen durch den Grad der Teilhabe am allgemeinen Konsum und an dessen

Statussymbolen: Kühlschrank, Waschmaschine, Staubsauger, Musiktruhe mit Radio und Plattenspieler, Fernseher, Motorrad, Auto, Urlaub, Eigenheim mit Garten.

Das Ziel war der soziale Aufstieg als Familie. Das »Wir wollen wieder wer sein« führte zu einem Wettstreit um gesellschaftliche Anerkennung und bürgerliche Normalität, dem sich keiner entziehen konnte. Man orientierte sich am sozialen Unterschied mit Blick nach oben. »Ganz oben entdeckten die Leser der Regenbogenpresse die Adeligen neu. Da es in Deutschland keinen nennenswerten Adel mehr gab, musste das Ausland herhalten.«[59] Königin Elisabeth, Soraya und der Schah von Persien, Grace Kelly wurden zu den Helden der illustrierten Presse, der Konsum zum Motor des Aufschwungs, der Einzelhandel boomte.

Um sich die Statussymbole des Wohlstands leisten zu können, musste man sparen. Ausschweifende Lebensführung galt als verpönt. Das Familienleben wurde hochgehalten. So änderte sich in den 1950er-Jahren auch das Freizeitverhalten der Leute. Man saß zu Hause und hörte Radio. Und später schaute man Fernsehen.

Die »heile« Familie mit dem schwer arbeitenden Mann als uneingeschränktem Familienoberhaupt und der treu sorgenden sparsamen Ehefrau, die freudig Kinder und Küche versorgt, wurde von Politik, Kirche und Medien zur Ordnungszelle, zum Kern, zur Triebfeder der neuen deutschen Nachkriegsgesellschaft ausgerufen, auch in Bayern, auch in München. Dieses Bild wurde 100- und 1000-fach propagiert, in der Werbung, in Filmen, in der Presse, im Radio und im Fernsehen. Auch die volkstümliche Unterhaltung konnte sich in den 1950er-Jahren dem nicht entziehen. Gerade die Stellung der Frau und der Familie im Bilde der Unterhaltung und somit die Rollen, welche Frauen in dieser Unterhaltung darzustellen hatten, zeigten die gesellschaftliche Verfassung und deren Veränderungen sowie das Lebensgefühl der Münchner und Bayern in dieser Zeit.

Werbeanzeige der Firma LOEWE-OPTA in der Zeitschrift »Quick«, 1959

---

59 Claudia Seifert, Aus Kindern werden Leute, aus Mädchen werden Bräute, S. 140

Volkskünstlerinnen

Frauenrollen

Eines vorneweg: Jede der drei hier im Mittelpunkt stehenden Frauen, Liesl Karlstadt, Erni Singerl und Bally Prell, hat sich auf ihre Weise über die gesellschaftlich verbürgte Rolle, in die sich Frauen ihrer jeweiligen Generation zu fügen hatten, hinweggesetzt. Ob allein der Umstand, Unterhaltungskünstlerin werden zu wollen, schon als Bruch mit gesellschaftlichen Konventionen angesehen werden darf, ist zu bezweifeln. Jedoch die Lebenswege dieser drei Frauen hatten nichts damit zu tun, wie man sich zu ihrer Zeit gesellschaftliche Konformität vorzustellen hatte. Liesl Karlstadt verließ einen damals für arme Mädchen durchaus angesehen Beruf, wurde Künstlerin, hatte mit einem verheirateten Mann ein, wie man in Bayern sagt, »g'schlamperts« Verhältnis und hat nie geheiratet. Erni Singerl hatte schon in sehr jungen Jahren, in einer Zeit, in der »Mutter« und »häusliche Fürsorgerin in der Ehe« als Idealrollen für Frauen enorm propagiert wurden, ihr Leben selbst in die Hand genommen und ihrem Traum, erfolgreiche Bühnenkünstlerin zu werden, alles untergeordnet. Bally Prell konnte sich dagegen nie als Frau emanzipieren, sie blieb ihr Leben lang Kind, Tochter, bis ihre Eltern starben. Doch jede der drei Frauen hat eine in der Gesellschaft höchst geachtete und populäre Rolle gespielt und als Frau *und* Künstlerin Karriere gemacht.

Georg Jacob Wolf schrieb in seinem 1924 erschienenen Buch »Die Münchnerin« unter der Überschrift »Von den Berufen der Münchnerin«: »Auf einem Felde künstlerischer Berufstätigkeit ist die Münchnerin von jeher mit großem Erfolg tätig gewesen, und hier hat man ihr Wirken stets als etwas

Selbstverständliches aufgefasst, nämlich als Bühnenkünstlerin.«[60] Und weiter heißt es da: »Wenn man heute ein Preisausschreiben unter den jungen Frauen Münchens ergehen ließe: Welcher Beruf ist Ihnen der liebste!, so glaube ich, dass die Mehrzahl sich für den der Bühnenkünstlerin entschlösse. Natürlich erst nach dem höchsten Beruf jeder Frau: Gattin und Mutter zu sein!«[61]

Künstler zu werden war in jeder Generation der Traum vieler jungen Männer und Frauen und zudem ein einträgliches Gewerbe. Doch besonders für Frauen war dies vielleicht die einzige Möglichkeit, den Schatten eines vorgegebenen stillen Lebens an der Seite eines Mannes verlassen zu können und in einem gesellschaftlich halbwegs legitimierten Rahmen eine öffentliche Rolle zu spielen.

Um 1900 waren in München etwa ein Drittel aller berufstätigen Frauen Dienstmädchen. Für Mädchen und junge Frauen aus einfachen Verhältnissen gab es dazu fast keine Alternative. »Mägde waren Menschen zweiter Klasse. Das Züchtigungsrecht ihren Mägden gegenüber nahm jede Frau in Anspruch. Von aller Bewegungsfreiheit waren die Mädchen abgeschnitten, sie hatten es nicht viel besser als Leibeigene.«[62]

Die einzige Möglichkeit, diesem Gefängnis zu entkommen, war die Heirat. War eine Frau verheiratet, so hatte sie Hausfrau zu sein. Berufstätigkeit von verheirateten Frauen war nur mit Zustimmung des Mannes möglich. Bis 1958 konnte in Deutschland jeder Ehemann eigenmächtig das Beschäftigungsverhältnis seiner Ehefrau ohne deren Einwilligung kündigen.

Um 1900 begannen sozialistische Arbeiterverbände, aber auch konservative Organisationen, vermehrt dafür zu kämpfen, die Rechte der Frauen zu stärken. Dies führte im Jahr 1900 dazu, dass erstmals auch Frauen zum Studium an Universitäten zugelassen wurden. Frauen aus einfachen Verhältnissen blieb dieser Weg jedoch versagt, der Traum, Lehrerin werden zu können, blieb für die meisten Illusion. Neben der

[60] Georg Jacob Wolf, Die Münchnerin, S. 222
[61] ebd., S. 226
[62] ebd., S. 213

Dienstmädchen, um 1900

Schankpersonal

Karriere als Dienstmädchen fanden Frauen hauptsächlich in Fabriken, im Gaststättengewerbe und nach 1900 auch im Handel als Verkäuferinnen Arbeit.

Mit Beginn der Weimarer Republik wurde ein allgemeines Wahlrecht auch für Frauen eingeführt.

Die Bemühungen der Frauenrechtsbewegungen, die in München bedeutende Vertreterinnen hatte, zeitigten in den 1920er-Jahren eine weitere Liberalisierung. Frauen hatten jetzt, zumindest theoretisch, Zugang zu öffentlichen Ämtern. Ebenso erweckte eine gewisse Freizügigkeit in der Mode – der Bubikopf wurde das Symbol dafür – den Eindruck, als ob Frauen jetzt in der Gesellschaft eine eigenständige und selbstbestimmte Rolle spielen könnten.

Doch in der Praxis änderte sich für die meisten Frauen wenig. Ihre »Domäne« blieb der Haushalt und die Aufgabe, durch Heimarbeit oder in schlecht bezahlten niederen Arbeitsverhältnissen das Familieneinkommen zu erhöhen.

Mit der Machtergreifung der Nationalsozialisten fanden sämtliche Emanzipierungsversuche von Frauen schlagartig ein

Hausarbeit, um 1939

Straßenszene, München 1920er-Jahre

Ende. Nun hieß es wieder: Herd und Kinder. Als höchstes Gut der Frau wurde die Mutterschaft propagiert und als ihre wesentlichsten Tugenden: Treue, Pflichtbewusstsein, Selbstlosigkeit und Opferbereitschaft. »Mitsprache, Entscheidungsgewalt, in städtischen oder staatlichen Gremien, Parteiämter, Regierungsämter waren Frauen verschlossen. Im Gegenteil, wer vor 1933 an verantwortlicher Position in der Verwaltung, Justiz oder Politik saß, wurde, wenn weiblich, schnell aller Ämter enthoben.«[63]

Der hehre Satz, jede Frau sei die Dienerin und die Zierde ihres Mannes, beschreibt relativ präzise die gesellschaftliche Stellung der Frau bis knapp in unsere Tage. Dieser Satz trifft auch in Abwandlung auf die Rolle der Frauen als Bühnenkünstlerinnen zu: Die weiblichen Darsteller waren die Zierde eines jeden Theaterunternehmens.

[63] Claudia Seifert, Aus Kindern werden Leute, aus Mädchen werden Bräute, S. 14

Unterhaltung war, sowohl in der Organisation wie auch im Betrieb, Männersache. Die Hauptaufgabe der Frauen, speziell der jungen, war bezaubern. Sie hatten kess, frech, erotisch oder exotisch zu sein.

Im Varieté um 1900 waren Frauen die Attraktion schlechthin. Während Männer als Sensationsartisten oder Salonkomiker auftraten, sorgten sie für Zauber und Verführung. Tänzerinnen mit exotischen Namen, Artistinnen in erotischen Kostümen oder Femmes fatales mit dezent anrüchigen Liedern lockten massenweise männliches Publikum in die Vergnügungstheater. Dieses war gierig nach Cancan und nackter Haut.

Aber auch die Volkssängerunterhaltung war im Prinzip eine reine Männerdomäne. Die Stars einer jeden Gesellschaft waren Männer. Frauen dienten ihnen als wichtigste Staffage. Das entsprach auch der Wahrnehmung von Künstlerinnen in der Öffentlichkeit. In zahllosen Pressemeldungen über Karl Valentin ist zu lesen: »Karl Valentin mit seiner getreuen Partnerin.« Der Name Liesl Karlstadt kommt oft nicht vor. Während Männer in vielen Volkssängerprogrammen stets mit vollem Namen aufgeführt waren, erschienen Frauen oft nur mit Vornamen: Fräulein Irmy, Mizzi, Liesi. Selten betrieben Frauen eigene Volkssängerunternehmen, meist waren sie Gattinnen, Teil eines Familienbetriebs, Prinzipalinnen einer Sängergesellschaft oder einfache Ensemblemitglieder. Als eigenständige Leiterinnen von Volkssängergesellschaften sind Elise Gum mit ihrer Gesellschaft »Gum-Kaufmann« zu nennen, in der auch die junge Liesl Karlstadt als Komödienspielerin auftrat, und Agnes Maxfeld. Während sich männliche Volkssänger oft ihre Rollen auf den Leib schneidern konnten, waren Frauenrollen weitaus mehr einem Klischee unterworfen.

Frauen brillierten als Soubretten, als Jodlerinnen oder Tänzerinnen im Dirndl, als herrisch keifende Alte oder als das Fräulein, welches am Ende jeder Posse geheiratet werden musste. Dies hatte sicherlich auch damit zu tun, dass die Unterhaltung primär auf ein männliches Publikum zielte.

Gegenüberliegende Seite, von oben links nach unten rechts: Hochradartistin, um 1900; die Soubrette Lolla Norie; Volkssängerin Hansi Führer; Volkssängerin Frau Männer

Theaterszene der Volkssängergesellschaft Gum-Kaufmann

Minna Reverelli, Jodlerin am Platzl

Käthe Tellheim, Jodlerin am Platzl

Und so war oft ein genereller Spott über Frauen, sei es über die »moderne« Frau in Form der »Frauenrechtlerin« oder über den ländlich dummdreisten »Trampl«, ein sehr verbindendes Element zwischen Bühne und Publikum. In vielen Szenen der Volkssänger erscheinen Frauen als Plage: dumm, eitel, herrisch, rechthaberisch, verführerisch oder untreu.

Solorollen für Frauen in der volkstümlichen Unterhaltung gab es, abgesehen vom Vortrag von Liedern oder Jodlern, eigentlich nur eine: die der »Ratschkathl«.

Münchner Marktfrauen waren offenbar immer schon berühmt und berüchtigt gewesen wegen ihres losen Mundwerks. In der Zeit von 1889 bis 1915 erschien in München eine Zeitung mit dem Namen »Münchner Ratschkathl, Unterhaltungsblatt für den gemütlichen Verkehr«.

Im Juli 1890 hatte im Binderschen Volkstheater in der Westendhalle, Sonnenstraße, das Theaterstück »Die Ratschkathl vom Viktualienmarkt, oder Eine vom alten Schlag, Münchner Lokalposse mit Gesang in 4 Abteilungen von V. Chiavacci & L. Krenn« Premiere. Die Zeitung »Ratschkathl« schrieb dazu: »Am Samstag bringen's gar die ›Ratschkathl‹ auch noch aufs Theater. … So wie die Frau Sopherl vom Naschmarkt in Wien, die in einer Wiener Zeitung ihre gern gelesenen Artikel

Volkssängergesellschaft Janko Lang

Marktfrauen am Viktualienmarkt

loslässt. Die hat auf einem Wiener Theater einige 100x mit ungeheurem Beifall debütiert.«[64]

Und nach der Aufführung meldete dieselbe Zeitung: »Im Volkstheater (Direktor Hilpert), so heißt das Binder Volkstheater jetzt, ist also am Samstag zum 1. Mal ›D'Ratschkathl‹ aufgeführt worden. Das Theater war so voll als nur möglich. Die ›Ratschkathl‹ wird wieder ein gutes Zugstück werden.«[65]

So ist die »Ratschkathl« offenbar, wie so vieles, was als typisch münchnerisch gilt, die Münchner Kopie eines Wiener Vorbilds. Die Karriere der »Ratschkathl« ging dann in der Folge in den »Münchner Neuesten Nachrichten« weiter: »Der Lokaldichter Benno Rauchenegger hat eine dieser Marktfrauen, eine angebliche ›Frau Wurzl‹ vom Viktualienmarkt, zu einer Münchner Berühmtheit gemacht, indem er jahrelang seine Sonntagsplaudereien in den ›Münchner Neuesten Nachrichten‹ dieser Frau Wurzl in den Mund legte und von ihr für eine gewisse, sehr breite Münchner Schicht charakteristischen Standpunkt aus die lokalen Ereignisse und Begebenheiten glossierte. Raucheneggers Frau Wurzl war aber ein gutmütiges, ich möchte fast sagen taubenhaft sanftes Wesen, verglichen mit ihren robusten Standesgenossinnen, die man bis um die Jahrhundertwende erlebte, und die in einzelnen, allerdings für das Stadtmuseum und seine ›Originale‹-Sammlung reifen Exemplaren heute noch da und dort angetroffen werden.«[66]

Dass nun so eine Figur als weibliche Paraderolle in verschiedensten Ausprägungen in die populäre volkstümliche Unterhaltung einging, ist nicht verwunderlich. In einer Version, die Liesl Karlstadt um 1920 auf die Bühne brachte, heißt es:

»Gestern hat so a narrische Köchin behaupt, meine Äpfe san o'stessn. Tua geh, hab i g'sagt, greußlicher Kuchelratz, lass di du von oan Waggon in den andern umananda werfa, ob'st na net a dastessen ausschaugst. ...

Ach, mi wenn oana dumm anredt, da geh i auf wie

[64] Erni Maxstadt, Münchner Volkstheater, S. 184
[65] ebd.
[66] Georg Jacob Wolf, Die Münchnerin, S. 215f.

d'Morgensonna. Ja, was tat denn da unseroaner auf der Behörde? Mit der Juri kanns unseroana net packa, da musst dir schon mitn Mai helfa kenna, sunst bist runterbügelt. An Steuerzettel habens ma neulings daherg'fahrn mit 24 MK. Gewerbe- und Einkommensteuer, da bin i aba so g'schwind aufgondelt aufs Rentamt III, Anfangsbuchstabe F bis X. Wia moanas, dass ichs dene zinkt hab! – Sie müssen die Steuer zahlen, hat er gmoant. Was muss ich, hab i g'sagt, du seidener Glückshafenkasperl, dir gib i glei a Muss – an Steuerzettel hau i dir so ums Mai rum, dass'd moanst, a Propeller hat di g'stroaft von an Dpppeldecker.

Ich muss zahln? Ja verlangts doch von de Großkopferten Steuer und net von a armen Hausiererin, de an ganzen Tag mitn Karrn im Großstadt-Dreck daherziagn muss, dass sie ihr ›tägliches‹ verdient. ›Dann werden Sie halt gepfändet‹, hat der Rentamts-Gigerl gmoant. Ja dös könnts toa, hab i g'sagt, dann schickts ma halt oan nauf, an ehemaligen kgl. Gerichtsvollzieher in d'Freibadstraßn auf 14/4 und gebts eahm aber zur Vorsicht drei Maß Hoffmanns-Tropfen mit, dass eahm net schlecht wird, wenn er bei uns dahoam den Dreck sieht. Meine sechs ledigen Giesinger Schrazen im Kindesalter von 1–6 Jahren kann er mitnehma, bloß d'Wanzen muaß er uns drinn lassen, weil ma de schon so g'wöhnt san.«[67]

Viele Soloszenen, in denen Liesl Karlstadt in einer Frauenrolle glänzte, waren nach diesem Muster der »Ratschkathl«-Figur gestrickt: »Die Frau Funktionär«, »Auf der Wohnungssuche im Jahr 1915«, »Ich suche eine neue Köchin«, »Die Hausmoasterin«, »Kreszenz Hiagelwimpft« und etliche mehr. Und nach 1952 fand sie sich zusammen mit Rosl Günther genau in dieser Szenerie als »Ratschkathl«-Duo in der »Weißblauen Drehorgel« wieder.

Liesl Karlstadts Paraderollen waren Hosenrollen. Sie spielte Männer, wie den Dirigenten in der Orchesterprobe, oder unzählige Buben. Nur ganz selten während ihrer Karriere,

[67] Helmut Bachmaier, Manfred Faust (Hrsg.), Karl Valentin, Sämtliche Werke, Band 1: Monologe und Soloszenen, S. 79f.

Liesl Karlstadt als Obsthausiererin

zumindest vor 1945, war Liesl Karlstadt als Frau gefragt. Die Rolle als Frau Vogel in »Der Sturm im Wasserglas« ist hier eher eine Ausnahme. Aber auch ihre Rollen in Spielfilmen, in denen sie ohne Karl Valentin mitwirkte, beschränkten sich auf stereotype weibliche Figuren wie Köchin, Zofe, Verkäuferin oder dergleichen. Und auch Erni Singerls Karriere wurde maßgeblich dadurch befördert, dass sie es vortrefflich verstand, neben dümmlich-resoluten Mägden auch Buben darzustellen.

Für Liesl Karlstadt änderte sich das erst in ihrer »zweiten Karriere« nach 1945. Hier wurde sie zum Inbegriff der gütigen bayrischen Mutter.

Das Frauenbild in Deutschland und somit auch in Bayern und München war nach 1945 erst einmal geprägt durch Krieg und Trümmerzeit. In den ersten Jahren nach dem Krieg ging es für die meisten Menschen ums Überleben. Es herrschte Männermangel, viele waren entweder im Krieg gefallen oder in Gefangenschaft. So lag es vielfach allein an den Frauen, ihre Kinder durchzubringen, die Alten zu versorgen und den Wiederaufbau zu leisten.

Dazu kam, dass sich Männer und Frauen während der langen Kriegszeit häufig entfremdet hatten. Viele hatten sich Jahre nicht gesehen. Oft waren die Väter für die Kinder fremde Männer. Viele taten sich schwer, wieder zusammenzukommen. So kam es zum Ende der 1940er-Jahre zu einer enormen Zunahme von Ehescheidungen. Hohe Arbeitslosigkeit bestimmte den Anfang der 1950er-Jahre. Viele mittellose Menschen mussten integriert werden: Kriegsheimkehrer, Flüchtlinge, Evakuierte, Kriegswitwen, Schwerversehrte, durch Entnazifizierung mit Berufsverbot Belegte, Opfer des Nationalsozialismus, die oft beruflich und gesundheitlich geschädigt waren, Rentner. Sie alle wären ohne staatliche Unterstützungsmaßnahmen nicht überlebensfähig gewesen.

Gleich nach Kriegsende ruhte alle Last und Verantwortung auf den Schultern der Frauen. Sie mussten vernünftig sein und brauchten eine klaren Blick für die Realitäten der Zeit.

München 1945, Foto: H. List

Sie mussten ihren Mann stehen. Diese Rolle wurde von vielen zwar als notwendig, nicht aber als erstrebenswert empfunden, sondern als Ausnahme in Notzeiten. Als Anfang der 1950er-Jahre die Wirtschaft langsam wieder in Schwung kam, oblag es in erster Linie den Männern, Arbeit zu finden. Die Frauen zogen sich aus der Rolle als Familienversorgerinnen zurück und widmeten sich wieder Heim und Herd. Die Kirchen und besonders die christlichen Parteien traten massiv für die Stärkung von Ehe und Familie mit traditioneller Rollenverteilung ein. Es gab den politischen Appell an die Betriebe, vermehrt Familienväter einzustellen, dazu eine Verschärfung des Ehescheidungsrechts und Kindergeld. Alleinstehende taten sich schwer. So mancher Film erzählte damals die Geschichte, wie eine junge berufstätige und erfolgreiche Frau den Mann ihres Herzens kennenlernt, um dann, sicherlich nach einigem Hin und Her, ihre Karriere zu opfern, um ganz für ihn und die Kinder da sein zu können.

Film und Werbung propagierten das Idealbild der allzeit gut gelaunten Haus- und Ehefrau, die hübsch aussieht und in unendlicher mütterlicher und fraulicher Güte für Kinder und Haushalt sorgt, die versteht zu kochen und mit Lebensmit-

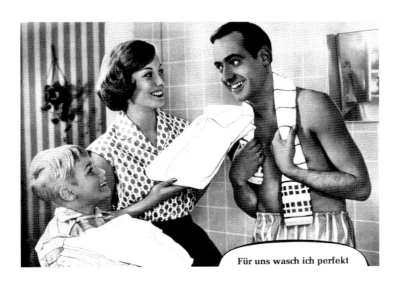

Waschmittelwerbung in der Zeitschrift »Quick«, 1959

teln umzugehen weiß, damit nichts verdirbt, die für saubere, gestärkte und gebügelte Wäsche und eine ordentlich aufgeräumte, mit einfachen Mitteln schön eingerichtete Wohnung sorgt. Sie leitet die Kinder im Verständnis für diese alltäglichen Dinge an, speziell die Mädchen, auf dass auch sie gute Hausfrauen werden, und kümmert sich um alle schulischen Belange. Außerdem ist sie sparsam und versteht mit Geld umgehen, damit sich der Wohlstand der Familie erhöht. Die Frau geht einkaufen und verwaltet die Finanzen.

Das machte sie zum Zielobjekt für Werbung und Konsum. Haushaltsgeräte, welche vorgaben, die Aufgaben der Hausfrau zu erleichtern, waren die meistverkauften Produkte dieser Zeit. Die Aufgabe der Männer war es, Geld zu verdienen und alle äußeren Gefahren von der Familie abzuhalten. Viele waren selten zu Hause. Auch mein Vater ging nach der Arbeit in der Fabrik zum »Aushelfen« in ein Möbelgeschäft, wo er Möbel auslieferte. Männer »wurden zur grauen Eminenz« im Hintergrund der Familien, für deren Versorgung sie morgens das Haus verließen und erst abends zurückkehrten.«[68] Viele Kinder wuchsen in den 1950er-Jahren mit dem Satz auf: Der Papa braucht Ruhe, man darf ihn jetzt nicht stören.

Eine Frau hatte verheiratet zu sein. Alleinstehende Frauen wurden nicht selten ausgegrenzt, meist taten sie sich schwer, eine Wohnung zu finden. Oft blieb nur das möblierte Zimmer in Untermiete. Öffentlich ein unverheiratetes Verhältnis zu haben, galt als unmoralisch. Wer unverheirateten Paaren eine Wohnung gewährte, konnte sich der Kuppelei schuldig machen, was mit bis zu fünf Jahren Haft bestraft werden konnte. Der Kuppeleiparagraf wurde erst 1969 abgeschafft. Wenn ein Kind unterwegs war, musste geheiratet werden. Uneheliche Kinder galten als Schande für die Familie. Auch war der Grundsatz verbreitet: Mädchen müssen nichts Besonderes lernen, denn sie heiraten ja sowieso. Als Ideal propagierte man die harmonische Ehe mit guter Versorgung. Eine Familie, in der die Frau nicht arbeiten gehen musste, war

---

[68] Claudia Seifert, Aus Kindern werden Leute, aus Mädchen werden Bräute, S. 25

sozial besser angesehen. Und noch ein Satz war zu dieser Zeit in so gut wie allen Familien zu hören: Die Kinder sollen es einmal besser haben.

Liesl Karlstadts große Rolle in den 1950er-Jahren war jeden zweiten Samstag, 20 Minuten lang, die der »Mutter Brandl« in der Hörfunkserie »Familie Brandl«. Diese Sendereihe spiegelte einerseits all die idealtypischen Klischees, die das Familienleben in den 1950er-Jahren ausmachen sollten. Andererseits zeigte sie auch die Mühen und Sorgen, die man auf sich nehmen musste, um diesem Idealbild zu entsprechen. Und sie zeigte, dass das oft gar nicht ging und dass dann die Welt deshalb auch nicht zusammenbrach. Das Personal dieser Sendung bestand aus dem Vater Brandl, Inhaber eines Elektrogeschäfts, der Mutter Brandl und dem Sohn Ferdl. Dazu kamen eine Zugehfrau, die Frau Kneidl, ein Untermieter, der Herr Endres, eine Hausmeisterin, die Frau Beierl, und natürlich Verwandtschaft, der Onkel Alois, seine Frau, seine Kinder, die Tante Josefine und einige andere. Autorin der Serie war Ernestine Koch. Sie schrieb: »Darum wird (…) die Gestalt der Schauspielerin Liesl Karlstadt mit der Geschichte der Frau Brandl zu einer höheren Wirklichkeit vereint: ein Gespinst aus Fantasie und Realität, in dem vieles von ihr und vieles von anderen Frauen steckt, die jeder kennt, durch die und mit denen wir leben. Sie erhalten mit ihrem einfachen Sein und oft auch Geldverdienen ihre kleine Welt. Sie sorgen und arbeiten für ihre Familie. Sie ziehen ihre Kinder groß, damit aus den Lausdirndln und Malefizbuben anständige Menschen werden. Sie sind unverdrossene, zuweilen schimpfende und doch fröhliche, zuversichtliche und selbstsichere Gefährtinnen ihrer manchmal grummelnden, grantelnden und doch liebenswerten und geliebten Männer.«[69]

Sie sind sehr lebensnah, die Geschichten der Familie Brandl, und wie lebensnah sie damals waren, möge eine Reihe von Zitaten aus Ernestine Kochs Erinnerungsbuch verdeutlichen.

[69] Ernestine Koch, Liesl Karlstadt, Frau Brandl, die Rolle ihres Lebens, S. 15f.

Die »Familie Brandl«: Ilse Sisno, Manfred Eder, Liesl Karlstadt, Maria Stadler, Hans Pössenbacher

Es geht um die Nachbarin, den Mann, die Vergangenheit und um die Herausforderungen des täglichen Lebens.

»Und wissen'S, was möcht? Eahnan Endres! Weil doch ihr Untermieter weg zieht … Und jetzt hats Angst, dass ihr's Wohnungsamt am End a Weiberts einweist.«[70]

»Sie kontrollierte nie, was er bei sich trug, wusste aber genau, wo die Dinge waren, die er in regelmäßigen Abständen und unter Zornesausbrüchen suchte.«[71]

»Weil ein gutgezogener Sohn die Schuhe auszieht, wenn er das gepflegte Heim betritt.«[72]

»Und die Hörner muss er sich schon selber abstoßen. Und wenn er nun wirklich mit der Fanny …?«[73]

»Als Josef Brandl ein Jahr nach Kriegsende aus der Gefangenschaft zurückkam, reparierte der Alois, wieder einmal arbeitslos, gerade den Zaun vom Ramersdorfer Häusl, zusam-

[70] ebd., S. 20
[71] ebd., S. 21
[72] ebd., S. 27
[73] ebd., S. 28

men mit einem langhaxeten und dünnen Zehnjährigen, dem Ferdl. Der erkannte ihn erst gar nicht.«[74]

»So begannen sie wieder von vorn. Nach vier Wochen hing an einem ehemaligen Tabakladen – zwei Häuser neben dem Schuttberg, unter dem sein erstes Geschäft lag – ein Pappdeckelschild mit der Aufschrift: Josef Brandl – Elektroreparaturen.«[75]

» … dass du schon lang auf die Kramerei Enzensberger spekulierst. Und die kriegst. … Weil sie mit dem neuen Supermarkt am Eck doch auf Dauer doch net konkurrirn kann.«[76]

»›Der Hemdkragen is aber scho ausgfranst, Mutter, schau her!‹ ›Mhm, ja, jetzt hat er'n durchgschabert, der Vater. Den trennst nachm Bügeln auf. Und dann drehstn um, dass das Schlechte unten neikommt. Und dann nähstn umgekehrt wieder nei. A Zeit lang geht's scho no. Oder du schneidst a Stück ausm Hemdstoß raus. Und machst ihm gleich an neuen. Des sieht ma ja net, wenn unten was anders eingstückelt is. D'Hauptsach is, er is sauber beinand.‹«[77]

»›Putzt schon wieder deine Zähn unterm fließenden heißen Wasser?‹, rief sie, als die Gasflammen am Warmwasserboiler in der Küche ansprangen. Sparn kann er halt nicht, der Bua. ›Bist du narrisch Ferdl.‹ (…) Man musste sparen, sonst brachte man es zu nichts.«[78]

»Obwohl er regelmäßig über die Putzerei schimpfte, wusste er Sauberkeit zu schätzen. Eine Frau musste reinlich sein, sonst taugte sie nichts.«[79]

»Da brach es aus ihr heraus, was sie nie hatte sagen wollen, was sie kaum zu denken gewagt hatte: Dass sie genug hatte von allem, genug! Übergenug! All die Jahre voll Plage, voll Mühe, voll Hetzen und Schuften, das Büro, der Laden, der Haushalt,

Die »Familie Brandl«: Hans Pössenbacher, Liesl Karlstadt, Manfred Eder

[74] ebd., S. 33
[75] ebd., S. 34
[76] ebd., S. 46f.
[77] ebd., S. 60f.
[78] ebd., S. 77f.
[79] ebd., S. 82

der Bub, das Geizen mit jeder Minute, das Rechnen mit jedem Pfennig. Und wer rennt rum, damit die Außenstände eingehen, und steigt hundert Treppen und macht tausend Buckel mit ›Sehr gern, gnä Frau‹ und ›Beehrn Sie uns bitte wieder‹, und wer lauft denn der Ladnerin hinterdrein und putzt die Regale? Und die Buchführung, das Telefon, kein Sonntag ohne Arbeit und alles für nichts, für nichts, für nichts!«[80]

»Wenn er sich einmal in eine Ablehnung verhakt hatte, war er kaum mehr wegzubringen. Er mochte Neuerungen ohnehin nicht und immer weniger, je mehr er sie im Geschäft anstreben musste. Und nun mit dieser Bürgschaft im Genick … Sie wollte nicht daran denken. Und vorerst nicht darüber reden. Das Wichtigste war, dass er wieder zur Ruhe kam.«[81]

(Jetzt geht es um das Verteilen von Weihnachtsgeschenken.)

»›Und wie machens mir denn mit dem für d'Beierl. Es wär schon nett, wenn du's ihr bringen tätst. Dann gilts mehr, als wenns bloß ich nuntertrag.‹

Er nickte. Männer galten mehr als Frauen. Besonders bei Frauen. So war es eben. Auch wenn Männer und Frauen nun vor dem Gesetz gleichgestellt waren. Solange sich sonst nichts änderte, war er zufrieden.«[82]

»Sie schlang die feinen Silberdrähtchen um die Stiele. Hatte sie nicht immer nur ihm zugearbeitet, seine geradlinige Welt erbauen helfen? War sie nicht immer nur Handlangerin, seit sie seine Frau war?«[83]

»›Einmal möcht ich erleben, dass d'Mama an Weihnachten nicht weint.‹

›I net‹, sagte der Herr Brandl. ›Denn wenns weint, weiß i, dass' da is. Des ghört einfach dazu. Fröhliche Weihnachten miteinander. Jeggerl na, jetzt hab i mei Gschenk zum hinlegen vergessen.‹ Er griff in seine Jackentasche und sagte drohend: ›Und dass ich keinen Widerspruch hör!‹

[80] ebd., S. 85
[81] ebd., S. 89
[82] ebd., S. 90
[83] ebd., S. 98

Es war ein Gutschein, ausgestellt in seiner korrekten Handschrift ›auf einen Persianermantel für meine lb. Frau‹. ›Weilsd' den probirn musst, hams gsagt im Pelzgschäft, sonst passt er net.‹

›Mei Josef! Ein Persianer, des is ja wunderbar.‹

›No ja, hoffentlich hams no was Gscheits nach die Feiertag. Dass d' ja glei hingehst und dir einen holst.‹

›Ja des mach i, sofort. Oder i wart noch bis zum Ausverkauf. Wirklich, Papa, des is no besser. Da krieg i'n mindestens um zehn Prozent billiger.‹«[84]

»Mit dem Staubsauger war es angegangen. Nun musste die Frau Kneidl nicht mehr jede Woche klopfen wie früher. Dafür waren bald mehr Teppiche gelegt worden. … Dann war die Waschmaschine ins Haus gekommen. Und weil alles jetzt ›weniger Arbeit‹ machte, wechselte jeder die Wäsche öfter als früher, sodass sich die Bügelwäsche zu Bergen häufte. Seit sie die Bügelmaschine hatte, … Wenn nun eine Geschirrspülmaschine ins Haus kommen würde …«[85]

»Mit dem Sparen brachte man es nicht weit. Die Preise stiegen. Wer sein Geld zurücklegte, hatte am Jahresende weniger als am Anfang. Wer Schulden machte, konnte gewinnen. Sie hatten es ja auch getan, schon wegen der Steuer, und weil der Umbau teurer geworden war, als sie gedacht hatten. Aber das Geld kam wieder herein, eben weil die Kunden nicht sparten. Jetzt nannte man sie ja auch Verbraucher.«[86]

»Er räusperte sich. ›I sag Dir halt dankschön, Wally … und … noja, du weißt es scho.‹

Sie wusste es nicht nur, sie fühlte es, dass er sie liebte, so wie sie ihn. Aber weil ihnen als Bayern die Formel ›Ich liebe dich‹ fremd war und das vertraute ›I mag di‹ oder ›I hab di gern‹ viel zu wenig gewesen wäre für das, was sie verband, so schwiegen sie beide.«[87]

[84] ebd., S. 99
[85] ebd., S. 121
[86] ebd., S. 138
[87] ebd., S. 157

Kühlschrank-Werbung aus einem Werbeprospekt der Firma Lindberg, 1957

Liesl Karlstadt

Liesl Karlstadt als Kind

Liesl Karlstadt wurde als Elisabeth Wellano am 12. Dezember 1892 in der Zieblandstraße 11 im Münchner Stadtteil Schwabing geboren. Sie war das fünfte von elf Kindern der Eheleute Ignaz und Agathe Wellano, die am 28. September 1889 von Osterhofen/Niederbayern nach München zugezogen waren.[88] Zum Zeitpunkt von Elisabeths Geburt waren bereits zwei ihrer Geschwister verstorben. Von den vier nach ihrer Geburt geborenen Geschwistern überlebte nur das jüngste, Liesl Karlstadts zehn Jahre jüngere Schwester Amalie.

Beide hatten am selben Tag Geburtstag und blieben ein Leben lang aufs Innigste verbunden. Der Vater war Bäcker und arbeitete 25 Jahre lang als »Brotschießer[89]« in der Bäckerei Riegler am Frauenplatz gegenüber dem Dom. Die wirtschaftlichen Verhältnisse der Familie Wellano waren höchst ärmlich. Ihre Wohnung bestand aus einem einzigen Zimmer, das Geld reichte vorne und hinten nicht. Der Versuch der Mutter, in der Schwanthalerstraße einen Milchladen zu eröffnen, scheiterte nach wenigen Monaten.

Elisabeth war ein sehr kleines, zierliches, aber aufgewecktes Mädchen. Sie besuchte die St. Ludwigs Werktagschule in der Amalienstraße und war eine begeisterte Schülerin mit besten Noten. Eigentlich wollte sie Lehrerin werden, doch dazu fehlten zum einen die Mittel, zum anderen war damals eine höhere Schulbildung in der Regel nur Mädchen aus besseren Kreisen vorbehalten. So machte sie nach der Schule eine Ausbildung zur Textilverkäuferin bei der Firma Eder am Viktualienmarkt, wo sie monatlich zehn Mark Lehrgeld und freie Unterkunft erhielt. Nach der Lehre fand sie ab dem 1. Juli 1908 im Warenhaus Tietz, dem heutigen Karstadt am Hauptbahnhof, eine Anstellung als Verkäuferin in der Kurzwarenabteilung.[90] Hier verdiente sie monatlich 45 Mark und verkaufte an ihre Kundschaft hauptsächlich »Besenlitzen«,

---

[88] Monika Dimpfl, Immer veränderlich, S. 14, Anmerkung 2
[89] Ein Brotschießer steht den ganzen Tag vor dem Backofen und kümmert sich um die richtige Backzeit der Brote.
[90] Monika Dimpfl, Immer veränderlich, S. 11, Anmerkung 2

wie sie 1955 in einem Rundfunkinterview erzählte.[91] Die Frauen trugen damals bodenlange Röcke. Um die Rockstöße zu schonen, wurden stark gewebte Bänder angebracht, mit denen die Damen Münchens damals viel Staub aufwirbelten und die Straßen kehrten. Im April 1909 starb ihr Bruder Hermann im Alter von 15 Jahren und am 22. Juni 1909 die Mutter.[92] Nun musste sich die junge Liesl vermehrt um ihre Familie, im Besonderen um ihre jüngste Schwester Amalie, kümmern. Diese erzählte später immer wieder, die Liesl sei ihre eigentliche Mutter gewesen.

Liesl Karlstadt, um 1907

Über Liesl Karlstadts Weg zum Theater gibt es widersprüchliche Aussagen. Vermutlich war es folgendermaßen gewesen: Ihr Bruder Franz hatte sie in den Bamberger Hof eingeladen, wo die Münchner Alpensängergesellschaft »Schnackl Franz« gastierte. Die 17-jährige Liesl war begeistert, und man hatte es ihr wohl auch angesehen. Nach der Vorstellung kam der Direktor der Truppe zu ihr an den Tisch und fragte sie, ob sie nicht Lust hätte, in so einer Truppe mitzuwirken, denn er suche eine Anfängerin. Damit war das »Theaterfeuer« gelegt, und Liesl Wellano musste mit ihrem Vater reden, der alles andere als begeistert war.[93] Beim »Schnackl Franz« hat Liesl Karlstadt nie gespielt. Doch der Entschluss war gefasst.

Ihr Debüt gab sie 1911 bei der Gesellschaft des Adalbert Meier. Theo Riegler berichtet von einem Brief, den er von Mizi Meier, der Frau des Adalbert Meier, erhalten hatte. »Ich möchte Ihnen schreiben, wie Liesl Karlstadt zur Bühne kam. Mein verstorbener Mann Adalbert Meier hatte im Frankfurter Hof in der Schillerstraße eine Dachauer Bauernkapelle. Wir suchten zur Zeit eine Anfängerin. Ein Musiker von uns sagte, dass er ein Mädel kennt, die beim Tietz Verkäuferin ist. Mein Mann ging hin und engagierte Liesl. Sie war voller Freude. Nun wurde sie unser Lehrmädchen. Sie kam zur Probe. Stimme hatte sie ganz wenig, aber in Komödien konnte

---

91 O-Ton Liesl Karlstadt, Alte Münchner erzählen, BR, 9. November 1955, Archiv Nr. DK07770
92 Monika Dimpfl, Immer veränderlich, S. 14, Anmerkung 2
93 O-Ton Liesl Karlstadt, Alte Münchner erzählen, BR, 9. November 1955, Archiv Nr. DK07770

Volkssängergesellschaft Adalbert Meier mit Liesl Karlstadt

man sie brauchen. Ich habe mit ihr Duette studiert: ›Die flotten Mäderl‹, ›Waschermadeln‹ usw.«⁹⁴

Und nun sind wir wieder beim »Konzert der Lustigen Dachauer« des Adalbert Meier, in dem als Programmnummer 10 – »Zwei flotte Mäderl« – Liesl Karlstadt zusammen mit Mizi Meier auftrat, gefolgt von Programmnummer 11, Karl Valentin als der »Blödsinnskönig«. Liesl Karlstadt war Soubrette im Flitterkleid und sang die Männer an, »wie's damals so üblich war«.⁹⁵

Gute zwölf Wochen spielte sie für 90 Mark pro Monat abends im Frankfurter Hof und arbeitete tagsüber für 45 Mark pro Monat beim Tietz und verkaufte Besenlitzen. Doch das wurde schnell zu viel. Zum Bedauern der Kaufhausleitung kündigte sie am 15. Februar 1911 ihre Stellung und erhielt ein ausgezeichnetes Zeugnis. Jetzt war sie im Theater angekommen.

Den Rest erzählte Liesl Karlstadt selbst: »Und nach einigen Tagen hat der Karl Valentin zu mir gesagt, Sie, Fräulein, ich muss Ihnen schon sagen, als Soubrette sind Sie unmöglich. Wissen Sie, Sie sind zu schlank als Soubrette, als Soubrette muss man einen großen Busen haben, das war damals recht

Liesl Karlstadt und Mizi Meier als »Flotte Mäderl«

94 Theo Riegler, Das Liesl Karlstadt Buch, S. 9f.
95 O-Ton Liesl Karlstadt, Alte Münchner erzählen, BR, 9. November 1955, Archiv Nr. DK07770

modern, außerdem, hat er gesagt, sind Sie viel zu schüchtern, Sie schaun aus wie ein Kommunionmäderl auf der Bühne. Ich tät Ihnen empfehlen, dass Sie sich aufs komische Fach verlegen. Das ist das Geeignete für Sie.«[96]

»Daraufhin war ich nun erst mal beleidigt, weil ich mir doch eingebildet hab, ich bin eine gute Soubrette. Ich schreib Ihnen mal in der nächsten Zeit ein komisches Soubretten-Couplet, also eine Parodie auf eine richtige Soubrette, und das bringens, hat er gesagt. Und das hat er mir dann geschrieben, und ich hab es auswendig gelernt. Da hab ich mich aber dann nicht so schön angezogen wie im Flitterkleid, sondern schon ein bisschen auf komisch gemacht. Damals war es Mode, dass man irgendeinen Herrn im Publikum ansingt als Soubrette. Er hat mir ein Couplet geschrieben mit einem Refrain ›Ach nimm mir diesen Stein vom Herzen, bereite mir nicht so viel Kummer, so viel Schmerzen‹ – und bei dem Satz ›Ach nimm mir diesen Stein vom Herzen‹ hab ich aus meinem Busen einen kleinen Isarstein herausgezogen und hab ihn auf die Bühne hingeworfen. Das war ein großer Erfolg. ... Und dann hat der Valentin mir vorgeschlagen, ob wir uns nicht zusammentun möchten, und dann haben wir uns zusammengesetzt und haben gemeinsam eine kleine Szene zusammengebaut und zwar mit dem Namen ›Die Volkssängertruppe namens Alpenveilchen‹.«[97]

Damit war Liesl Karlstadt angekommen im Kreis der bekannten Münchner Unterhaltungskünstler. Immer wieder trat sie als eigenständige Vortragskünstlerin in Programmen gemeinsam mit Karl Valentin auf, als Liesl Maxstadt, später als Liesl Karlstadt.

1913 spielte sie in Valentins erstem Kurzfilm »Valentins Hochzeit« das Dienstmädchen. Daneben wirkte sie als Komödienspielerin Elisabeth Wellano in anderen Gesellschaften mit, wie etwa in »Chr. Kippers 1. Münchner Possen-Singspiel und Schauspielensemble« oder in der Gesellschaft

[96] ebd.
[97] O-Ton Liesl Karlstadt, Das Leben beim Wort genommen 1, Karlstadt und Müller Marein, NDR ,7. November 1957

Liesl Karlstadt als komische Soubrette

Liesl Karlstadt als Piccolo

Liesl Karlstadt, Karl Valentin und Karl Flemisch auf der Bühne des Frankfurter Hofs in »Alpensängerterzett«

»Gum-Kaufmann«, und spielte in Stücken wie »Der Wilderer oder Aus Liebe zum Mörder«, »Mei Seeliger, des war ein Mo«, »Am Glück vorbei«, eine Variation der Kameliendame, in der sie die Hauptrolle spielte, oder in Raupachs »Der Müller und sein Kind«, was Valentins Lieblingstheaterstück war.[98]

Ab 1915, als Karl Valentin seine erste eigene Volkssängergesellschaft im Kabarett »Wien-München« im Hotel Wagner in der Sonnenstraße eröffnete, gab es nur noch Liesl Karlstadt als ständige Begleiterin des großen Valentin. Damit nahm eine unvergleichliche Karriere ihren Anfang, welche Liesl Karlstadt zu einer der bedeutendsten Volksschauspielerinnen ihrer Zeit machen sollte.

Rudolf Bach würdigte die Leistungen der Liesl Karlstadt 1937 in seinem schmalen Buch »Die Frau als Schauspielerin« unter der Überschrift »Kameradin, Partnerin, Meisterin« wie folgt: »Über zwanzig Jahre ist es nun her, dass Liesl Karlstadt und Carl Valentin zum ersten Mal gemeinsam auf der Bühne standen, in dem von ihnen selbst erfundenen Terzett ›Alpenveilchen‹. Valentin gab da einen zaundürren Zitherspieler in der Oberländertracht, der prächtige Flemisch war der rübezahlbärtige, Gitarre spielende Vater und Liesl Karlstadt das einfältig-schmucke Dirndl mit dem langstieligen Edelweiß in der Hand. Sie sollten es uns wieder einmal spielen, das Ter-

---

[98] Im Jahr 1914 starb Karlstadts Vater. Nun war sie ganz allein für ihre Schwester Amalie verantwortlich.

zett (›Drei Personen – Eigene Gebirgsdekoration‹), denn es ist schon ein ganz kleines Meisterwerk.

Der Schluss zumal, wo der Streit mit dem Direktor ausbricht und Valentin die Debatte zornig abschneidet: ›Vater! Nimm's Gebirg mit, mir gehn!‹, in der Türe dann aber sich noch einmal umdreht und dem Widersacher die bestürzende Pointe hinpfeffert: ›Mir san auf Sie ang'wiesen, aber Sie net auf uns – merken S' Eahna dees!‹ – das ist in seiner unnachahmlichen Mischung von Wirklichkeit, Unsinn und Fantastik schon echtester Valentin.

Vor zwanzig Jahren also. Was die beiden seither in einer langen Reihe von Szenen, Einaktern und abendfüllenden Stücken gemacht haben, war großes komisches Theater, das schönste und tiefste gewiss seit Nestroys Tagen. Es ist zuinnerst etwas wie ein romantisches Theater (...) Denn die geistige Art seines nur scheinbar primitiven Humors, die naive Methaphysik seines Unsinns, seine Magie, die ›Wirklichkeit‹ auf lautlose Art in das Nichts aufzulösen, seine bittersachte Schwermut und kindlich verschmitzte, kindlich unersättliche Lust am Spiel mit der Fantasie, die aus aller logischen Materie ein willkürlich tiefsinniges Zusammensetzspiel macht, sein hartnäckig stiller Mut zur heimlichen oder offenen Rebellion des Geistes und schließlich seine fast unheimliche Kraft zu einer Komik gleichsam in abstracto – die alles, was, ihm selber unbewusst, das Beste, Unterscheidende, Überlegene seiner Kunst ausmacht, ist, bei aller Heutigkeit, romantisches Wissen, wie ja auch Raimund und Nestroy im biedermeierlichen Rahmen die wahren Volksdramatiker der Romantik waren.

(...) In den ›Raubrittern vor

Liesl Karlstadt in »Alpensängerterzett«

Liesl Karlstadt in ihren frühen Rollen

Liesl Karlstadt in ihren frühen Rollen

Theaterszene aus »Raubritter vor München«

München‹ z. B. werden aufs Erstaunlichste Vormärz und Mittelalter gekoppelt: Die Raubritter in Gitterhelm, Panzer und Kettenhemd erscheinen zuletzt brüllend, schwerterschwingend über der Stadtmauer, und drunten steht die biedermeierliche Bürgermiliz – welch eine Konfrontation!

Im gleichen Stück bestellt Valentin als Wachposten Bene sich Bananen zum Frühstück (nach folternd langer Wahl), plötzlich aber ruft er dem Trommlerbuben, der sie zu holen gegangen ist, nach: ›Halt, dees is auch nix! Die hat's ja damals noch gar net geb'n!‹ Welch ein gespenstischer Sprung aus der Zeit! Oder in einem anderen Stück, dem ›Brillantfeuerwerk in der Rosenau‹ (es spielt im München von 1900 und ist neben allem anderen auch das entzückendste Genrebild) – wie da die gemalte Zuschauermenge auf den barschen Anruf des Schutzmanns: ›Polizeistund!!‹ in geisterhaftem Gehorsam stumm in die Höhe schwebt, durch die nachtdunklen Kronen der Bäume hinauf in den unsichtbaren Himmel des Schnürbodens, oder wie der Valentin selbst im gleichen Stück zu Anfang als schwerer Reiter – ›mehr Reiter als wie schwer‹ – die Rosenau suchend, von den Stimmen Befragter wie von Geistern hin

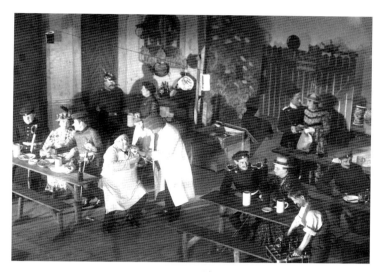

Theaterszene aus »Brillantfeuerwerk«

und her genarrt, auf einmal zwischen dem Erdhorizont und dem Himmel einherstapft, ein riesiges königlich bayrisches Sommergespenst: Das sind lauter Augenblicke eines Durchbruchs ins Jenseitige mitten aus der vollständigsten Wirklichkeit heraus, mystische Augenblicke, romantische, wie sie legitimer nicht denkbar sind.

In dieser merkwürdigen, doppelbödigen, leise unheimlichen Welt ist Liesl Karlstadt sozusagen das Diesseits, der Tag, das Maß, das Umgrenzte, Natürliche, Vernünftige, Bürgerliche, der Verstand bis hinab ins Nüchterne, der Gegenpol aller lächelnden oder melancholischen oder bissigen Narretei. Liesl ist zart, lieb, nüchtern, humorvoll, gutmütig, bösartig, grob, skeptisch, überlegen, gaunerisch, charmant, beschränkt, schlau – je nachdem, in welcher Gestalt dieser ewige Gegenpol sich verkörpert: ob in dem wampigen eingebildeten Dirigenten eines kläglichen Vorstadtvarietés oder in einem kleinen behenden Pyrotechniker; ob in einem lustiglistigen Trommlerbuben der Altmünchner Bürgerwehr oder einem hübschen verliebten ›Kocherl‹ im Sonntagsstaat oder in einer schwatzhaften Bäuerin; ob in einem ›groß-

Liesl Karlstadt in ihren frühen Rollen

Filmszene aus »Im Schallplatten-laden«

kopfet‹ unverschämten Geheimratssöhnchen, einem faulen, munteren Fotografenlehring, einer besorgten Kellnerin, einer höflich-ungeduldigen Verkäuferin im Schallplattengeschäft, in das der Passant Valentin, um ›sechs Zigarren à 20‹ zu kaufen, geraten ist (und diese Aufzählung deutet zugleich den darstellerischen Radius an, über den diese außerordentliche Schauspielerin verfügt). Stets aber ist sie der ›normale‹ Widerpart, an dem der Funke des Valentin'schen Urnonsens sich erst entzündet – sozusagen der Sancho Pansa zu dem Don Quijote Carl Valentin.

Denn dies ist recht eigentlich der ›Inhalt‹ all dieser wunderbaren Szenen vom Firmling, vom Vorstadtorchester, vom Feuerwerk, von der Biedermeiermiliz: ein Zwiegespräch, eine einzige, nie versiegende Auseinandersetzung über die Dinge der Welt und des Lebens (es sind die Dinge des momentanen alltäglichen Anlasses, aber sie werden unversehens zu Dingen der Welt schlechthin), eine Auseinandersetzung, ein Streit darüber von den Gegensätzen her.

Diese grundsätzliche polare Spannung ist das dramatische Agens, alles andere ist nur Beiwerk, nur Abwandlung und Folge der einen unerschöpflichen Ursache.«[99]

Liesl Karlstadts Domäne waren, wie gesagt, »Hosenrollen«. Immer wieder spielte sie Männer oder freche Buben. Wenn Frauen darzustellen waren, beschränkte sich dies auf Figuren

Theaterszene aus »Christbaumbrettl«

[99] Rudolf Bach, Die Frau als Schauspielerin, S. 59f.

wie Ehefrau, Verkäuferin oder Bedienung, also die Frau als funktionales Neutrum. Das Weibliche als Qualität kommt in der gesamten Theaterwelt des Karl Valentin, vielleicht mit der Ausnahme des »Kocherl« im »Brillantfeuerwerk«, nicht vor.

Theaterszene aus »Großfeuer in Gigging«

Und so entstanden diese merkwürdig großartigen Szenen: »Kommt Valentin auf die Probe, dann weiß er nur, was gemacht werden soll, keineswegs wie. Das Thema, die Situation, eine ungefähre Grundlinie des Geschehens liegt fest, nicht mehr. Valentin sagt dann etwa zu Liesl Karlstadt: ›Also du machst jetzt den Kapellmeister und ich mach einen von den Musikern. Ich schimpf' über dich zu den andern, da kommst du daher, ohne dass ich's merk. Auf einmal sagst du: Wen haben Sie denn da gemeint, mit dem alten Nussknacker und seinem saudummen Gesicht? Dann, wart, dann sag ich recht blöd: Meinen Bruder! Dann sagst du …‹, und so geht es weiter, zugleich dichtend, inszenierend, spielend erschaffen sich die zwei ihr Stück. Es wird allmählich voller, farbiger, runder, bleibt aber stets Improvisation, kann immer wieder verändert werden. Am Schluss jeder Probe hat Liesl Karlstadt alles auf Zetteln notiert, jede Frage, jede Antwort, jeden Übergang. Auf den nächsten Proben wird ausgewählt, Abschnitzel fallen weg (…), Neues kommt hinzu. So wächst das Stück langsam der Premiere entgegen, aber auch nach ihr entwickelt es sich weiter. Erst, wenn nach einigen Wochen Spieldauer ein gewisser Abschluss erreicht ist, geht es an die (private) Niederschrift für etwaige spätere Neueinstudierungen, die aber niemals ein bloßer Abklatsch der Uraufführung sind.«[100]

Liesl Karlstadt erzählte diese Geschichte auf ihre Weise: »Der Valentin hat gar keine Geduld gehabt, das aufzuschreiben, sondern wir sind in die Probe gegangen, bloß mit einer Idee. Wir haben dann darüber gesprochen, und ich hab dann immer so Zetterl, es durften nur Zetterl sein, er konnte kein Manuskript sehen, das hat er sich gar nicht anschauen traun, – dann hab ich auf Papierzetterl geschrieben, was ich für gut befunden habe. Dann haben wir uns darüber unterhalten.

Theaterszene aus »Der verflixte Notenständer«

[100] ebd., S. 63

Filmszene aus »Orchesterprobe«

Filmszene aus »Musik zu Zweien«

Filmszene aus »Der Firmling«

Ich hab oft einen ganzen Stoß solcher einzelner Blätter gehabt und habs dann zu Hause zusammengesetzt, die besseren am Schluss, die schlechteren an den Anfang, und so entstand dann allmählich das Stück. Und dann, wenn's ich ganz im Kopf gehabt hab, dann hab ich ihm auf der Probe alles souffliert und ihm alles eingesagt und bei dem Soufflieren ist es dann auch geblieben. Er hat … jeden Tag, bevor der Vorhang aufgegangen ist, bei jedem Stück, was wir schon 100 oder 200 Mal gespielt haben, gesagt, gell, wissen tu ich gar nichts, du sagst mir jedes Wort ein.

Und das hab ich auch 27 Jahre lang gemacht, ohne dass es jemand im Publikum gemerkt hat. Aber die allerbesten Einfälle, die witzigsten Sachen, sind dann erst während der Aufführungen entstanden. Nur ist dann so viel verloren gegangen, wenn da gute Laune war und gutes Publikum da war, die ihn verstanden haben, dann sind uns so viele neue Sachen gefallen – und unterm Spielen hab ich mir gedacht, das muss ich mir merken, und er auch, aber wenn wir fertig waren, haben wir von zehn Witzen bloß mehr einen gewusst.«[101]

Das war also Liesl Karlstadts Aufgabe im Valentin'schen Theater: Er improvisierte, sie musste ihm folgen, immer parat sein für all seine Einfälle und Wendungen und dazu die passende Antwort finden. Er agierte, sie reagierte. Er konnte ganz für sich sein, sie nur für ihn. Diese Leistung kann gar nicht hoch genug eingeschätzt werden. Und dabei musste sie auch noch den Überblick behalten, denn der ganze Irrsinn sollte ja am Ende ein aufführbares Theaterstück ergeben.

Die Quelle für all das wahnsinnige Treiben auf der Bühne war die reale Beobachtung. »Und wir sind auch oft absichtlich in eine ganz kleine, miese Wirtschaft gegangen, mit einer Zeitung in der Hand, da haben wir so getan, als ob wir lesen würden, und haben dann die Typen beobachtet, die da so gesessen sind. Die ganzen Manieren, was sie mit den Händen machen und wie sie trinken und wie sie essen, das hat uns alles interes-

[101] O-Ton Liesl Karlstadt, Das Leben beim Wort genommen 1, Karlstadt und Müller Marein, NDR, 7. November 1957

Theaterszene aus »Der Umzug«

siert.«[102] »Nirgends konnte man dem Volke besser aufs Maul schaun, nirgends konnte man besser studieren, mit welchem Griff ein echtes Münchner Vorstadtgwachs seinen Maßkrug anfasst und wie der Herr Schreinermeister von nebenan seinen unförmigen Regenschirm abstellt und seinen altersschwachen Goggs aus der Stirn schiebt, ehe er einen Zug macht.«[103]

»Um von Liesl Karlstadt wieder im Besonderen zu reden (man redet ja, so oft man von Valentin redet, immer auch von ihr), so ist zu sagen, dass sie eigentlich das ganze Valentin'sche Welttheater – und es ist wahrhaftig eines – in die Tat umsetzt, in die Realität des Ausführbaren, in die so heiklen Gegebenheiten der Bühne. Es ward schon berichtet, wie sie das augenblickliche Entstehen und Erfinden eines neuen Stückes überwacht und auf ihren Zetteln festlegt, sie inszeniert aber auch das Ganze nach Valentins Einfällen (und nach ihren eigenen, die den seinen antworten), sie arbeitet mit den übrigen Darstellern, sie kostümiert sie, schminkt sie, leitet sie an. (…)

Als ich Valentin einmal wegen der unübertrefflichen Echtheit der Ensembleszenen, des Bühnenbildes, des ganzen Milieus in der ›Rosenau‹ meine Bewunderung sagte, ant-

---

[102] ebd.
[103] Theo Riegler, Das Liesl Karlstadt Buch, S. 54

Filmszene aus »Beim Nervenarzt«

Theaterszene aus »An Bord«

wortete er mir: ›Wissens, dass dees was wird, des macht alles d'Fräulein Karlstadt. Ich könnt dees net, i wär viel z'nervös dazu.‹«[104]

Liesl Karlstadt war die Seele des Valentin'schen Theaters: Darstellerin, Sekretärin, Stückemontiererin, Regisseurin, Maskenbildnerin, Souffleuse, Agentin, Büroangestellte. »Valentin hat immer Angst gehabt vorm Reisen. Wenn Briefe gekommen sind von außerhalb, was sehr oft der Fall war, in der Woche ein paar, von all überall her, dann hat er sich den Brief gar nicht aufmachen traun. Dann hat er gesagt, um Gottes Willen, ein Engagement nach auswärts, trau ich mir nicht lesen, sonst kann ich schon wieder acht Tag nimmer schlafen. Und meine Hauptarbeit die 27 Jahre, die wir zusammengearbeitet haben, bestand eigentlich untertags im Abschreiben von Angeboten nach auswärts.«[105]

Aber nicht nur das. Sie war auch Geliebte, Partnerin, Kindermädchen für den »großen Bruder«, Nervenärztin, alles. »Er ist einmal bei sich zu Hause allein gewesen, da ist er dann sofort zu mir gekommen, ganz weiß war er vor Angst, und hat erzählt: Heut lieg ich am Sofa und über mir hängt eine Lampe und die Lampe hat zu schweben angefangen. Es war kein Luftzug, und niemand ist hingekommen. Jetzt hat er sich nicht mehr hinaufschauen getraut. Er hat sich gedacht, jetzt bin ich schon wahnsinnig, dann hat er die Augen wieder geschlossen und hat sich sammeln wollen, hat hinauf geschaut, dann ist die Lampe noch mehr geschwankt. Da hat er sich dann furchtbar gefürchtet, da hat er dann fluchtartig die Wohnung verlassen und hat gesagt, schau mich einmal an, findest du, dass ich wahnsinnig bin. Nein gar nicht, du bist überhaupt nicht verändert. Dann hat er gesagt, ich trau mich ja gar nicht mehr heim in die Wohnung, es könnten Gespenster gewesen sein. Und so war er sein ganzes Leben nur von Angst erfüllt.«[106]

[104] Rudolf Bach, Die Frau als Schauspielerin, S. 63f.
[105] O-Ton Liesl Karlstadt, Das Leben beim Wort genommen 1, Karlstadt und Müller Marein, NDR, 7. November 1957
[106] ebd.

Valentins Domäne war die Improvisation. Er war der »Jazz-Musiker« des Theaters. Im Moment des Spiels auf der Bühne stand er immer vorm Nichts, zurückgeworfen auf sich selbst. Auf nichts sonst konnte er sich verlassen, an nichts sonst konnte er sich festhalten, außer an seiner Liesl. Zwei »Dinge« umgaben ihn, die Liesl und die Angst. An beiden klammerte er sich fest. Jeden Abend musste das Theater neu entstehen, aus dem Nichts, sicher mit bekannten Versatzstücken, aber was helfen die schon im Moment, wenn es darauf ankommt. Valentin war ein Ereignis und nichts als ein Ereignis. Er rettete jeden Abend sein Leben. Das war seine Kunst. Und daran ging die Liesl zugrunde, denn in diesem Spiel hatte sie keine Chance. Sie war ihm ausgeliefert mit Haut und Haaren. Die Angst war seine Macht.

Theaterszene aus »Sturzflüge im Zuschauerraum«

»Ängstlich war er schon als kleiner Bub, und da hat er mir oft erzählt, das hätt er zum Teil auch von seiner Mutter her. Grad das Eisenbahnfahren hat er so gefürchtet. Ich wollt ihm das immer abgewöhnen und hab gesagt, Millionen von Menschen fahren Eisenbahn. Nein, sagt er, ich trau mir nicht. Die Angst hab ich daher, weil meine Mutter, die hat, da muss er noch ein junger Bursch gewesen sein, einmal aus der Zeitung vorgelesen, also ein Eisenbahnunglück hat sie ihm rausgelesen aus der Zeitung, und hat gelesen, dass da die Sitze ineinander

Theaterszene aus »Er und Sie«

Filmszene aus »Donner, Blitz und Sonnenschein«

Filmszene aus »Die Erbschaft«

geschoben werden, wenn der ganze Wagon zusammengeschoben wird, und dass dann den Menschen die Beine abgedrückt werden. Und, hat er gesagt, meine Mutter hat mir das hundert Mal gesagt, wenn'st Eisenbahn fahrst, und Du hörst irgendwas oder einen Krach, dann ziehst schnell die Beine auf d'Höh, dass die ja nicht abgezwickt werden. Und wenn ich alleine weggefahren bin, das war sein letztes Wort am Bahnhof, gell, wenn was sein sollt, zieh gleich die Beine auf d'Höh, sonst werden sie dir abgezwickt.«[107]

Karl Valentin entstammte einer gut situierten Familie, seine Eltern betrieben ein Fuhrunternehmen, persönliche Not kannte er nicht. Er hatte drei Geschwister, die alle starben. Valentin ist als übrig gebliebenes Kind aufgewachsen. Seine Mutter war eine einfache, jedoch tendenziell ängstliche Frau. Sie setzte alles daran, dass ihrem einzigen Sohn nichts passierte. Überall lauerte Gefahr. Sie verstand es auch nicht, dem Kind Grenzen zu setzen. Es durfte praktisch alles. Man kann sagen, Valentin wurde nach Strich und Faden verzogen. Zudem erkrankte er frühzeitig an Asthma, was ihn schwer behinderte. Immer könnte irgendetwas passieren. Seine Asthmaattacken waren der Beweis. Jeden Moment könnte er krank werden. »Der Karl Valentin hat doch seine ganzen Taschen voll Medizinfläschchen und Pulver und Mittel gehabt.«[108] Valentin hatte die Angst gelernt und wie man sich selbstbewusst mit ihr und gegen sie behauptet. Vielen seiner Bühnenfiguren ist dieses Wesen zu Eigen.

Liesl Karlstadt hatte auch Geschwister, die gestorben waren. Doch sie war nie ein übrig gebliebenes Kind. Außerdem kannte sie die Not. In der Not hat man keine Zeit, Angst zu haben, da muss man funktionieren. Liesl Karlstadt musste immer funktionieren. Die Haltung, man muss das Leben nehmen, wie es kommt, man kann eh nichts machen, außer das Bestmögliche, war tief in ihr eingegraben. Die Frage, wie es ihr eigentlich gehe, stellte sich nie, konnte sich gar nicht stel-

[107] ebd.
[108] ebd.

len, denn sie musste ja alles aufrechterhalten, ihn, den Betrieb und sich selber. Plötzlich funktionierte sie nicht mehr.

Die Beziehung zwischen Karl Valentin und Liesl Karlstadt beschränkte sich keineswegs nur auf eine künstlerische Zusammenarbeit. Am Anfang stand ein Liebesverhältnis. Valentin hatte bereits zwei Töchter mit Gisela Royes, dem ehemaligen Dienstmädchen seiner Eltern, mit der er ab 1902 liiert war, was ihn allerdings nicht daran hinderte, auch andere Liebschaften zu pflegen. Am 31. Juli 1911 heiratete er Gisela Royes, die zeitlebens seine Ehefrau blieb. Wohl kurz vorher hatte er Liesl Karlstadt kennengelernt. Vermutlich dauerte es nicht lange und die beiden waren ein Liebespaar.

Der erste Beweis hierfür findet sich in einem Brief, datiert vom 31. Dezember 1912, in dem Valentin an Karlstadt schrieb: »Möge es uns vergönnt sein, das neue Jahr und noch viele andere Jahre mitzumachen in der wahren Liebe zueinander wie bisher.«[109] Dazu gibt es zwei Fotos, welche die beiden 1912 und 1913 privat als Paar zeigen.

Karl Valentin und Liesl Karlstadt in Maria Einsiedel, 1912

Doch Valentin trennte offenbar sehr deutlich sein Leben als Familienvater von seinem Leben als Künstler. Zu Hause trautes Heim mit Gattin und Kindern, außerhalb Bühne und Liesl. Das Verhältnis zwischen den beiden Frauen war verständlicherweise aufs Höchste gespannt. Vermutlich war Karl Valentin Liesl Karlstadts große Liebe, auch wenn nie die Aussicht bestand, je Frau Valentin Fey (so der Geburtsname Valentins) werden zu können. Im Gegenteil. In der Öffentlichkeit sprach Valentin stets vom »Fräulein Karlstadt« und des Öfteren ließ er per Zeitungsannonce erklären, dass sie nicht seine Frau sei. Die Beziehung der beiden wird deutlich in jenem Liebesgedicht, das Valentin der Liesl Karlstadt auf einen einfachen Wirtshausblock schrieb: geheime Liebe, um nie allein sein zu müssen:

[109] Helmut Bachmaier, Manfred Faust (Hrsg.), Karl Valentin, Sämtliche Werke, Band 6: Briefe, S. 19

Karl Valentin und Liesl Karlstadt in Moosach, 1913

Karl Valentin und Liesl Karlstadt in »Sonntag in der Rosenau«

»Wer da je geliebt hat, wie ich dich
der trägt solche Liebe innerlich
Als Geheimnis seiner tiefsten Seele
dass sie ihm an keinem Orte fehle

Dass sie ihm an keinem Orte fehle
trägt er sie in seiner tiefen Seele
Ewig wird sie ihm Gefährtin sein
Und so ist er nirgends ganz allein«[110]

Diese beiden Menschen waren sowohl in ihrer Arbeit wie auch in ihrem Privatleben heillos miteinander verstrickt. Valentin war das Netz, Liesl Karlstadt der Fisch. Hieraus gab es für sie kein Entkommen. Alle Versuche, sich von Valentin zu lösen, scheiterten. Zwar hatte sie die eine oder andere Affäre und einmal sogar eine längere Liebschaft mit dem Chauffeur Josef Kolb (sie dachten sogar an Verlobung und Heirat), doch Valentin ließ keinen anderen Mann in ihre Nähe.

Liesl Karlstadt mit Liebhaber

Der Münchner »Sonntagspost« erzählte Liesl Karlstadt 1949, Valentin hätte nie zugelassen, dass sie einen anderen Mann heiratete. »Fünf oder sechs Mal war es so weit, aber Valentin sagte ihr, er würde jeden auf dem Standesamt erschießen und ihr für die Zukunft Scheuklappen anlegen.«[111] Valentin war besessen von der Angst, sie zu verlieren, privat und beruflich. Jeden Schritt, den sie alleine machte, betrachtete er mit Argwohn. Selbst ihre geliebten Ausflüge ins Gebirge duldete er nicht, es könnte ja etwas passieren. Sie konnte machen, was sie wollte, er war dagegen. Sein Argument: Ich hab dann so viel Angst, und das kannst du mir nicht antun. Im Mittelpunkt stand immer er mit seiner Angst.

Dennoch suchte Liesl Karlstadt beruflich neue Wege. Im Dezember 1930 engagierte Otto Falkenberg sie ans Münchner Schauspielhaus. Hier spielte sie unter begeisterter Anteilnahme des Publikums und der Presse die Rolle der um ihren Hund kämpfenden Frau Vogel in Bruno Franks Theaterstück »Sturm im Wasserglas«. Doch auch diesen Erfolg konnte sie

[110] Originaldokument, Valentin-Karlstadt-Musäum München
[111] Zeitungsausschnitt ohne nähere Angaben, Valentin-Karlstadt-Musäum

nicht wirklich genießen, denn nach jeder Vorstellung musste sie ins Kolosseum eilen, wo sie in der Spätvorstellung mit Valentin den »Bittsteller« spielte. Es folgten 1932 die Stücke »Die 3 Gspusi der Zenta« im Volkstheater, mit dem sie durch viele Städte Bayerns tourte, und das »Schwedische Zündholz« im Schauspielhaus. Am 1. September 1931 stand sie in dem Stück »Weiberkrieg, ein burleskes Hörspiel um Lysistrata, Aristophanes frei nachgedichtet von Richard Elchinger« zum ersten Mal vorm Mikrofon des Bayerischen Rundfunks.

1932 spielte sie mit Szöke Szakall, erstmals ohne Valentin, im Film »Muss man sich gleich scheiden lassen«, dann mit Valentin im Film »Die verkaufte Braut« von Max Ophüls und wieder, ohne ihn, in den Komödien »Fräulein Hoffmanns Erzählungen« (1932) mit Anny Ondra und in »Mit Dir durch dick und dünn« (1933) mit Adolf Gondrell.

So legte sie den Grundstock für ihre »zweite« Karriere. Doch erst einmal kam alles ganz anders. Am 27. April 1933 stand Liesl Karlstadt in der Szene »Ehescheidung vor Gericht« im Kabarett Wien-München, Hotel Wagner, auf der Bühne. »Das Stück wurde von Valentin anscheinend geschrieben, um Liesl Karlstadt von einer eigenen Schauspielerinnen-Karriere abzuhalten.«[112] Die Szene war ganz auf sie zugeschnitten: Sie durfte als Verwandlungskünstlerin auftreten und spielte fünf verschiedene Personen. Zwischenzeitlich war sie immer wieder krank. Am 21. Oktober 1934 eröffnete Valentin im Keller des Hotel Wagner sein Panoptikum, ein Jux-Museum. Hierfür verbrauchte er sein komplettes Vermögen und überredete Liesl Karlstadt, auch große Teile des ihren in das neue Unternehmen zu investieren. Valentin sah, dass die Auftrittsmöglichkeiten für ihn und Liesl Karlstadt unter dem NS-Regime zunehmend schwieriger wurden. Er dachte für sich und für seine Partnerin durch die Eintrittsgelder des Museums eine neue Einnahmequelle erschließen zu können, die ihnen ihre Existenz sichern sollte. Doch daraus wurde nichts. Binnen kürzester Zeit war dieses neue Unternehmen bankrott und musste schließen.

[112] Helmut Bachmaier, Manfred Faust (Hrsg.), Karl Valentin, Sämtliche Werke, Band 5: Stücke, S. 456

Liesl Karlstadt als »Frau Vogel« in »Sturm im Wasserglas«

Liesl Karlstadt und Anny Ondra

Liesl Karlstadt in »Die 3 Gspusi der Zenta«

Liesl Karlstadt in »Ehescheidung vor Gericht«

Liesl Karlstadt und Karl Valentin auf der Reise nach Berlin, Dezember 1935

Zum Ende des Jahres 1934 verdüsterte sich Karlstadts Gemütszustand.[113] Am 6. April 1935 stürzte sie sich zusammen mit ihrer Katze in die Isar. Sie wurde gerettet, ihre Katze ertrank.

Es folgten sehr schwere Jahre, geprägt von langwierigen Aufenthalten in Kliniken und Rehabilitationseinrichtungen, von Gehversuchen und Zusammenbrüchen. Liesl Karlstadt litt bis zu ihrem Lebensende immer wieder an Anfällen manischer Depression. Ihre Briefe aus der ersten Zeit[114] ihrer Krankheit machen deutlich, dass sie zum einen völlig verstört über den Umstand war, plötzlich nicht mehr funktionieren zu können. Sie hasste diese Krankheit. Zum anderen konnte sie Valentin oft nicht mehr ertragen, nicht, dass sie nicht mehr gewollt hätte, sondern sie konnte nicht mehr. Zum Dritten sehnte sie sich inbrünstig nach Wärme und Geborgenheit, was es in ihrem Leben offenbar nie gegeben hatte. Doch die Situation um sie herum änderte sich nicht. Unter größter Mühe und Überwindung fuhr sie von der Klinik aus immer wieder ins Isartal, um dort den Film »Kirschen in Nachbars Garten« zu drehen. Im Dezember 1935 wurde sie von Valentin zu einer Gastspielreise nach Berlin gedrängt. Eben aus der Klinik entlassen, fuhr sie mit ihm dorthin. Auf halbem Weg bekam er Angst. In Halle wollte er aussteigen.

Am 7. Dezember 1935 schrieb Liesl Karlstadt an Valentins Frau Gisela: »Wir sind nun gut in Berlin angekommen, bis auf die große Jammerei in der Bahn von Valentin. Die ersten Tage waren sehr schwer hier, er wollte wieder heim u. schimpfte den ganzen Tag. Wollte auch gleich mit dem Direktor Schindler Krach machen u. sich mit den Filmleuten Engels zerkriegen, aber ich habe wieder alles geschlichtet.«[115] Sie, die Kranke, musste ihn retten und mit ihm die ganze Situation. Danach brach sie wieder zusammen.

In den folgenden Jahren litt sie immer wieder wochenlang an Schlaflosigkeit und intensiven Magenbeschwerden. Immer wieder stürzte sie sich in Arbeit, um sich zu beweisen, dass

---

[113] Gunna Wendt, Liesl Karlstadt, S. 188
[114] Konvolut Lorenzer, Valentin-Karlstadt-Musäum
[115] Liesl Karlstadt, Nebenbeschäftigung Komikerin, S. 95

es doch noch ginge. Ihre private Situation war die Krankheit und die Angst vor ihr, die Arbeit war ihr Ausweg. Sie drehte zusammen mit Valentin Filme, wie »Die Erbschaft«, »Der Bittsteller« oder »Donner, Blitz und Sonnenschein«, und förderte besonders ihre persönliche Karriere. In einer Reihe von Spielfilmen wirkte sie als Nebendarstellerin mit. Dazu kamen Auftritte im Rundfunk. Sie wollte Valentin nie verlassen, aber sie wollte sich von ihm emanzipieren, mehr sein als nur die ewige getreue Partnerin. Langsam gelang es ihr. »Die alte Firma Valentin–Karlstadt gab es nicht mehr. ... Liesl Karlstadt hatte die einst ›leibeigene Partnerschaft‹ längst für sich selbst aufgekündigt. Die Firma hatte ihre Grundlage verloren, die neben der Funktion, die Liesl Karlstadt erfüllte, zum großen Teil in der Bewunderung lag, die sie ihm entgegenbrachte.«[116] Sie hatte sich innerlich von ihrem Idol gelöst.

Liesl Karlstadt in Berlin, 1936

Am 23. April 1939 brach sie während eines Gastspiels mit Valentin in Augsburg erneut zusammen. Bis Juni lag sie in Augsburg im Krankenhaus. Daraufhin zog sie sich von der Bühne zurück. Mit Valentins neuer Auftrittsstätte, der »Ritterspelunke« im Färbergraben, hatte sie nichts mehr zu tun. Einzig Aufnahmen von Sketchen für den Bayerischen Rundfunk konnte sie mit ihm noch durchstehen.

Szene aus »Donner, Blitz und Sonnenschein«

Es ging ihr einfach schlecht, immer wieder hatte sie entsetzliche Magenschmerzen. 1940 folgten noch zwei kurze Gastspiele mit Valentin im Deutschen Theater und im Dezember 1940 wirkte sie in Gondrells Revue »Münchner G'schichten« in der Bonnboniere mit. Ab Anfang 1941 war sie wieder krank und suchte Erholung. Ein Freund lud sie in seine Ferienwohnung nach Ehrwald ein.[117] Hier freundete sie sich mit den Soldaten eines Gebirgsjägertrupps an, der hoch über Ehrwald auf der Ehrwalder Alm stationiert war. Besonders die Maultiere, Mulis, dieses Trupps hatten es ihr angetan. Die Soldaten nahmen sie in ihre Gemeinschaft auf, gaben ihr den Namen »Gustav« und ernannten sie zum Obergefreiten. In den Jahren zwischen 1941 und 1943 tat Liesl Karlstadt als erster und

Liesl Karlstadt im Krankenhaus, 1939

[116] Gunna Wendt, Liesl Karlstadt, S. 249
[117] ebd., S. 230f.

Liesl Karlstadt als »Mulitreiberin« auf der Ehrwalder Alm

einziger weiblicher »Mulitreiber« der deutschen Wehrmacht in Männerkleidung Dienst auf der Ehrwalder Alm.

Jetzt hatte es das Schicksal gut mit ihr gemeint. In der Gemeinschaft mit den Soldaten und im Einklang mit ihren geliebten Bergen begann sie sich von den Strapazen der letzten Jahre zu erholen. Hier fand sie, was sie immer schon gesucht hatte, Wärme und Geborgenheit. Die Alm wurde zu ihrem Lebensmittelpunkt. Nach all ihren Verpflichtungen in München kehrte sie stets schleunigst hierher zurück.

Ab April 1941 spielte sie im Volkstheater die Blumenverkäuferin Frau Graf im Theaterstück »Graf Schorschi«, das ein großer Publikumserfolg wurde und bis zum 13. Juli 1944, als das Volkstheater durch einen Bombenangriff zerstört wurde, auf dem Spielplan stand. Weitere Stücke dieser Zeit im Volkstheater, bei denen Liesl Karlstadt mitwirkte, waren »Die Dachserin« von Ludwig Thoma und die »3 Jungfrauen von Orleans«. Außerdem drehte sie mehrere Filme, unter anderem »Das Konzert« Ende 1943 und Anfang 1944 in Berlin.

Als die Bombenangriffe auf München immer mehr wurden, sorgte sich Liesl Karlstadt um ihr Schwester Amalie, die allein in der gemeinsamen Wohnung in der Maximilianstraße 24 zurückgeblieben war. So kehrte sie im Oktober 1943 von Ehrwald nach München zurück und erlebte hier, abgesehen von einer kurzzeitigen Flucht nach Planegg, das Kriegsende. Von Juli 1944 bis Oktober 1945 hatte sie keine Auftritte.

Doch schon im November 1945 ging es weiter. Auf dem Spiel-

Liesl Karlstadt auf der Ehrwalder Alm

Liesl Karlstadt in »Die Dachserin« von Ludwig Thoma im Volkstheater

plan stand wieder »Sturm im Wasserglas« mit der Rolle der Frau Vogel, in der Liesl Karlstadt schon 1930 bei ihrem ersten Versuch, sich von Valentin zu lösen, geglänzt hatte. Daneben Rundfunkauftritte. Vom 26. Juni bis 30. September 1946 machte sie mit dem Stück »Das schwedische Zündholz« eine ausgedehnte Tournee durch 56 bayrische Städte. Am 17. Oktober 1946 nahm sie auch die Zusammenarbeit mit Karl Valentin wieder auf. Zuerst machten sie gemeinsam Rundfunkaufnahmen. Doch Valentins Geschichten kamen bei den Hören nicht mehr an. Wütende Zuhörerbriefe veranlassten die Verantwortlichen des Rundfunks, auf eine weitere Zusammenarbeit mit Valentin zu verzichten. Liesl Karlstadt jedoch blieb eine beliebte Rundfunkstimme. Im September 1947 standen sie und Valentin das erste Mal wieder gemeinsam auf der Bühne, am 31. Januar 1948 das letzte Mal. Am 9. Februar 1948 starb Karl Valentin. Nun begann endgültig die »zweite Karriere« der Liesl Karlstadt.

Der Tod Valentins war für Liesl Karlstadt ein Schock. Natürlich hatte sie sich in den Jahren zuvor als Volksschauspielerin und beliebte Rundfunkstimme einen Namen gemacht, doch der Tod ihres zwar schwierigen, aber dennoch geliebten Partners bedeutete für sie, jetzt auf eigenen Füßen stehen zu müssen. Auch wenn es den Anschein hatte, die große Krise ihres Lebens wäre überwunden, so überkamen sie dennoch immer wieder Anfälle tiefster Depression. Jetzt hatte sie Angst davor, untergehen zu können. Und wie sollte sie ohne Valentin das in ihr wohnende kreative Potenzial je wieder zur Geltung bringen können? Auch hatte sie es nie verstanden, sich selbst in Szene zu setzen. Sie hatte das Gefühl, alles annehmen zu müssen, was sich ihr bot. Und es gab Angebote.

Bereits im März spielte sie »quick und kregel«, wie die »Neue Zeitung« am 11. März 1948 berichtete, als »Naive einer Provinzbühne« im Stück »Rendevous um Mitternacht« von Anouilh in der Kleinen Komödie. Das »Münchner Tagebuch« ergänzte hierzu am 13. März: »Das Publikum in dem boudoirhaften Theaterchen, darin man bequem die Füße auf die Bühne legen kann und selbst in der neunten Reihe noch ganz vorne sitzt, wird aufs Angenehmste unterhalten. Dies

Liesl Karlstadt und Michl Lang in »Im Wirtschaftsamt«, 1948

ist vor allem Liesl Karlstadt zu danken, dieser liebenswerten, kleinen, großen Darstellerin. Eine ideale Besetzung.«

Ab Juni 1948 folgt die Hauptrolle als Mama im Stück »o.k. Mama. Ein Münchner Stück in drei Akten« an der Seite von Alfred Pongratz im Volkstheater im Bayerischen Hof. Am 11. August 1948 trat sie im Rahmen eines bunten Abends in der Gaststätte »Hirschau« zum ersten Mal an der Seite von Michl Lang im Sketch »Im Wirtschaftsamt« auf.

Diese drei Ereignisse beschreiben beispielhaft den Weg, den die »zweite Karriere« der Liesl Karlstadt nehmen sollte. Egal, wo sie auftrat und wie klein und nebensächlich ihre Rollen auch waren, stets überschlugen sich die Kritiken gebetsmühlenartig mit den immer gleichen Wendungen: »Diese liebenswerte, kleine, große Darstellerin.« Die wichtigste und umfassendste Rolle, die sie in ihrer »zweiten Karriere« zu spielen hatte, war die der Mutter, die »Mama« – und als solche hat man sie auch in der Öffentlichkeit gesehen. Sketche in bunten Abenden zu spielen, wurde ihr Hauptbroterwerb. In Hunderten von Aufführungen reiste sie im Rahmen von Tourneetheater-Veranstaltungen monatelang durch Bayern, und überall, wohin sie kam, war sie der gefeierte Star und der uneingeschränkte Liebling des Publikums. Mit Michl Lang hatte sie einen neuen Bühnenpartner gefunden, der sie bis zu ihrem Lebensende in zahllosen Rollen begleiten sollte.

Liesl Karlstadt wurde die beliebteste Münchner Volksschauspielerin der 1950er-Jahre. Doch für sie persönlich war der Weg dahin ein schwerer. Sie musste sich erst an die neuen Rollen gewöhnen. »Anfangs fiel es Liesl Karlstadt schwer, nach den zahllosen Hosenrollen plötzlich als Frau zu erscheinen. ›Das ist mir ganz komisch vorgekommen, dass ich auf einmal eine Frau sein soll‹, erzählte sie. ›Zuerst hab ich direkt Hemmungen gehabt, eine Bluse und einen Rock anzuziehen, weil ich so an die Hosen und die männlichen Perücken und Bärte gewöhnt war.‹ Es ist gewiss nicht ohne Reiz, dass gerade sie es war, die sich zum Urbild der mütterlichen und hausfraulichen Münchnerin entwickelte.«[118]

[118] Theo Riegler, Das Liesl Karlstadt Buch, S. 126f.

Liesl Karlstadt in verschiedenen Rollen, nach 1950

Im Frühjahr 1949 erkrankte Liesl Karlstadt an einer schweren Lungenentzündung. Die Münchner »Sonntagspost« berichtete darüber: »Wissen S', auf der Bühne, da hab i halt die Schneid, aber nachher ist alles wieder vorbei. Und i muss mich ehrlich plagen.« Valentin fehlte ihr sehr. »Grad vor einem Jahr ist er g'storben, an der gleichen Krankheit, von der ich mich jetzt grad erhol. Bei mir hats net ganz zum Himmel greicht.«[119]

Immer wieder litt sie an Selbstzweifeln, immer wieder wurde sie von Depressionsanfällen eingeholt. Walter Fiedler, der mit Liesl Karlstadt im Rahmen von Veranstaltungen der Konzertdirektion Kempf auf Tournee ging, erzählt über ihre schwankenden Gemütszustände. Liesl Karlstadt, so Fiedler, sei eine ruhige, zurückgenommene und gegenüber allen Kollegen sehr fürsorgliche und liebevolle Person gewesen.

Doch von Zeit zu Zeit habe man bemerkt, wie ihr Wesen langsam immer sprunghafter wurde, wie sie zunehmend überschwänglich, aufgekratzt, fast kindisch war und manchmal sogar richtig ordinär, was man nie von ihr vermutet hätte. Und dann plötzlich am nächsten Tag sei sie nicht zur Probe gekommen und es habe geheißen, Fräulein Karlstadt sei im Krankenhaus. Nach einer bis zwei Wochen sei sie wieder da gewesen, wieder die Seele von einem Menschen, so wie man sie gekannt habe.

[119] Zeitungsausschnitt ohne nähere Angaben, Valentin-Karlstadt-Musäum

Liesl Karlstadt in der Garderobe

Es wäre müßig, alle Theaterstücke aufzuführen, in denen Liesl Karlstadt in den 1950er-Jahren mitgewirkt hat. Ein Höhepunkt dieser Bühnenkarriere war sicherlich die Rolle der Balbina Buhheller in Marieluise Fleißers Komödie »Der starke Stamm« in den Münchner Kammerspielen, die sie von Therese Giehse übernahm. »Es gibt keine Bessere, sagt Therese Giehse«, schrieb hierzu das »Abendblatt« am 2. Dezember 1950. Auch in Stücken von Ludwig Thoma stand sie immer wieder auf der Bühne, zuletzt 1958 in »Witwen« im Residenztheater. »Dass Liesl Karlstadt die durch die Bearbeitung vermiefte Haushälterin Vikorl wieder ins richtige Lot brachte und ihr zu einem darstellerischen Sieg verhalf, versteht sich fast von selbst.«[120]

Ein weiteres Standbein ihrer »zweiten Karriere« war der Film. Die Internetseite »filmportal.de« nennt 27 Spielfilme, in denen Liesl Karlstadt zwischen 1949 und 1959 mitspielte. Wirklich große Rollen waren keine dabei – Haushälterinnen, Köchinnen, Gattinnen waren die Frauen, die sie hauptsächlich spielte.

Beim Durchblättern ihrer Bühnenalben jedoch drängt sich das Bild auf: Auch wenn die Rollen in den Filmen oft klein und nebensächlich waren, für jede Filmproduktion, in der sie engagiert war, bedeutete ihr Mitwirken Werbewirksamkeit,

Liesl Karlstadt und Heinz Rühmann in »Das kann ja jedem passieren«

[120] Pressebericht zur Uraufführung ohne nähere Angaben in Liesl Karlstadts Bühnenalbum 5, Valentin-Karlstadt-Musäum.

in vielen Pressemitteilungen zu den Filmen wird sie in der Schlagzeile herausgehoben.

In einem Zeitungsartikel mit dem Titel »Liesl Karlstadt: Ich und der Film« erzählte sie 1952 über ihre Erfahrungen als Darstellerin in Heimatfilmen. »Zu dem traurigen Kapitel Heimatfilm kann ich leider (oder Gott sei Dank) nur sehr wenig sagen, weil ich erst bei drei von solchen Filmen dabei war. (…) Die Herren, die solche bayrischen Heimatfilme produzieren, halten mich entweder für eine Nachwuchsschauspielerin oder für eine hochdeutsche Salondame, weil ich nicht so g'scheert bin, wie sie gern möchten. Deshalb hab' ich mir jetzt a kloans Biachl kauft, ›1000 Worte Bayrisch‹, da stehn die ganzen Flüche und Kraftausdrücke drin, die man für einen ›zünftigen‹ Heimatfilm braucht. Wenn ich die gelernt hab', meld ich mich wieder bei der Filmfirma. (…) Meine letzte Erfahrung war der Hofbräuhausfilm, wo ich die Wirtin gespielt hab'. Wie der gedreht wor'n is, hat mich gleich eine dumpfe Ahnung gepackt, und i hab g'sagt: Wenn die Bayern in dem Film nur nasenbohren und kammerfensterln, wenn's wieder so saufen, raufen und fluachen und sich gegenseitig mit ›Rindvieh‹ und ›Dreckhammel‹ titulieren, da mach i net mit. (…) Aber erstens kommt es anders, zweitens als man denkt. Trotz der Zusicherungen ham's aus den Bayern wieder a Karikatur gmacht, an Hanswurscht'n für die preußischen Zaungäst. Gleich wie ich's erste Mal mein Mann, dem Hofbräuhauswirt, auf der Hofbräuhausterrasse das Frühstück serviert hab', war er betrunken. Dass a Wirt an Rausch hat, kann ja einmal vorkommen, aber dann hab ich zu meinem Entsetzen gemerkt, dass der Kerl laut Drehbuch dauernd bsoffen war. (…) Eines hätt ich zum Schluss beinah vergessen: Wenn Sie mich über meine persönlichen Heimatfilmempfindungen ausfragen, so ist meine persönlichste Empfindung die, dass ich für den Hofbräuhausfilm noch dreihundertdreizehn Mark und zwanzig Pfennig zu bekommen habe.«[121]

Letztlich hatte sie sich dann doch immer wieder breitschlagen lassen, Nebenrollen in derartigen Filmen zu übernehmen.

[121] Zeitungsausschnitt ohne nähere Angaben, Liesl Karlstadt, Bühnenalbum 4, Valentin-Karlstadt-Musäum

Liesl Karlstadt als Wirtin im Film »Hofbräuhaus«

Liesl Karlstadt und Gert Fröbe im Film »Nach Regen scheint Sonne«

Dennoch waren auch einige wirklich seriöse Filme dabei, in denen Liesl Karlstadt mitgewirkt hat. Im Spielfilm »Nach Regen scheint Sonne« (1949) spielte sie an der Seite von Sonja Ziemann, Gert Fröbe und Beppo Brem die Frau des Bürgermeisters, den Willi Reichert darstellte.

In der Verfilmung von Erich Kästners »Das doppelte Lottchen« (1950) war Liesl Karlstadt die Frau Wagenthaler, eine Gemüseladenbesitzerin. »Das doppelte Lottchen« wurde im Nachkriegsdeutschland als erster Film mit dem Bundesfilmpreis ausgezeichnet. Der Film »Die Trapp-Familie« (1956) mit Ruth Leuwerik und Hans Holt, in dem Liesl Karlstadt die Nonne Raphaela spielte, wurde zu einem der größten Publikumserfolge der deutschen Filmgeschichte überhaupt.

»Das letzte Rezept« (1952) mit O. W. Fischer und Heidemarie Hatheyer, hier spielte sie eine kleine Nebenrolle, oder »Wir Wunderkinder« (1958) mit Hansjörg Felmy und Johanna von Koczian waren bemerkenswerte Filme der Nachkriegszeit. 1953 stellte Willem Holsboer unter dem Titel »Valentins Lachkabinett« fünf Valentin-Karlstadt-Kurzfilme zu einem abendfüllenden Spielfilm zusammen. Die einzelne Filme waren verbunden durch kleine Spielszenen, in denen Liesl Karlstadt den Jahrmarktsausrufer gab.

Doch im Zentrum von Liesl Karlstadts »zweiter Karriere« standen ihre Auftritte im Rundfunk. Hierdurch wurde sie in den 1950er-Jahren zum ersten weiblichen bayrischen Medienstar. Bereits 1948 wirkte sie in der ihr höchst vertrauten Rolle als Frau Vogel in der Hörspielfassung von »Sturm im Wasserglas« mit. Theo Riegler, der die Unterhaltungssendung »Rieglers Nudelbrett« präsentierte, lud sie immer wieder als Sketchspielerin ein, oft an der Seite von Michl Lang. Ihr Durchbruch jedoch zum absoluten Rundfunkliebling war, als sie am 3. Juli 1949 Maria Stadler als Frau Resi Brumml in den »Brumml G'schichtn«, der damals populärsten Sendereihe des Bayerischen Rundfunks, ablöste. »Maria Stadler hatte sich nicht, wie die anderen Brummlstars, zur Eigenart entwickeln können. Sie war vom Stimmtyp zu wenig herzlich (so gutmütig sie privat war), und sie immer nur als Zankeisen einzusetzen, das den Pantoffelhelden Xaver beherrscht, war

Liesl Karlstadt mit Regisseur Wolfgang Liebeneiner im Film »Die Trapp-Familie«

für unsere Geschichten auf Dauer zu wenig ergiebig. Liesl Karlstadts gutmütige Herzlichkeit, aber auch ihre Vernunft waren den Zuhörern leichter zu vermitteln. Ich hatte mich lange nicht getraut, sie zu fragen, ob sie die Rolle annähme. (…) Durch ihre Persönlichkeit und ihren Ton verschoben sich die Gewichte. Es kam mehr Menschlichkeit, Intelligenz und eine gewisse frauliche Güte dem Xaver gegenüber in die Skripte.«[122]

Liesl Karlstadt in den »Brumml G'schichtn«

Ab jetzt war Liesl Karlstadt aus den Unterhaltungssendungen des Bayerischen Rundfunks nicht mehr wegzudenken. In der »Weißblauen Drehorgel« wurde sie zum weiblichen Publikumsliebling, in zahllosen Hörspielen glänzte sie durch ihre einfühlsame Art der Darstellung.

Liesl Karlstadt war bereits in den 1930er-Jahren immer wieder im Familien- und Frauenfunk aufgetreten. Dies setzte sie nach 1948 fort. 1952 startete der Bayerische Rundfunk mit einer neuen Sendung. »Ilse Weitsch, Leiterin des damals noch ›Frauenfunk‹ genannten Familienfunks, hatte einen kriegsbedingten Nachholbedarf in Haushaltsführung bei den Hörerinnen entdeckt und wollte ihnen helfen«.[123] »Der Frauenfunk des Bayerischen Rundfunks beginnt heute eine neue Sendereihe mit dem Titel ›Der Haushaltslehring‹. (…) Wenn Sie aber zu denen gehören, denen keine Mutter das richtige Waschen und Bügeln mehr hat zeigen können und die verzweifelt vor überquellendem Reis und leerem Geldbeutel stehen, wird Ihnen die Frau Brandl zugleich mit der Gisela manch freundschaftlichen und viele praktische Hinweise geben können. Dass die Meisterhausfrau durch Liesl Karlstadt verkörpert wird und dass Gisela, unser hauswirtschaftlicher Lehrling, eine waschechte Schlesierin ist, wird Ihnen dafür Garantie sein, dass es nicht strohtrocken in diesem hauswirtschaftlichen Kurs zugehen wird.«[124] »Der heiße Pudding darf nicht so ohne Weiteres in die Glasschüssel, sonst kann man ihn von

---

[122] Kurt Wilhelm's Brumml G'schichtn 6, Audio-Kasseten, TeBiTo 133-12
[123] Ernestine Koch, Liesl Karlstadt, Frau Brandl, die Rolle ihres Lebens, S. 9
[124] Zeitungsausschnitt ohne nähere Angaben, Liesl Karlstadt, Bühnenalbum 4, Valentin-Karlstadt-Musäum

Das ist die »Familie Brandl« mit Liesl Karlstadt als Meisterhausfrau. In fast 150 Gesprächen hat sie ihrem Haushaltslehrling Gisela gezeigt, was es heißt, eine wirklich gute Hausfrau zu sein. Die »Familie Brandl« ist vor Kurzem in das Samstagnachmittag-Programm gewandert, sie unterhält sich nun über Themen, die, wie zahlreiche Hörerbriefe beweisen, viele Familien angehen.

Liesl Karlstadt in »Familie Brandl«

der Tischplatte direkt essen. Ein feuchtes Tuch darunter, das genügt! Freilich: Man muss es wissen.«[125]

Die Sendung kam jeden Donnerstag um 8.30 Uhr und wurde zu einem riesigen Publikumserfolg. Immer wieder gingen in der Rundfunkredaktion Anfragen ein, in denen sich junge Frauen um eine Lehrstelle bei Frau Brandl bewarben.[126]

Der ungeheure Erfolg dieser Sendung veranlasste die Verantwortlichen des Bayerischen Rundfunks, aus dem »Haushaltslehrling« eine Familienserie zu machen. Ab 1956 war nun an jedem zweiten Samstag um 16.40 Uhr die »Familie Brandl« zu hören. »Das besonders Liebenswerte an dieser Funkfamilie ist, dass sie vollkommen ›normal‹ ist. Was ihr passiert, kann jeden Augenblick jede andere Familie in München auch erleben, und so, wie die Brandls reagieren, sich mit ihren Problemen auseinandersetzen, machen es täglich zahllose echte Familien.«[127]

Liesl Karlstadt spielte nicht nur die Frau Brandl, im Bild

[125] ebd.
[126] Ernestine Koch, Bayerische Volksschauspielerin Liesl Karlstadt, Rundfunksendung
[127] Zeitungsausschnitt ohne nähere Angaben, Liesl Karlstadt, Bühnenalbum 4, Valentin-Karlstadt-Musäum

der Öffentlichkeit war sie es, die gutmütige und geduldige Mutter, die auf alle Fragen des Lebens eine Antwort wusste. Ihre Darstellung dieser Figur wurde von den Hören als derart lebensnah empfunden, dass Fiktion und Realität oft ineinander verschmolzen. »Bald wurde Liesl Karlstadt auf der Straße nur noch mit ›Frau Brandl‹ angesprochen und nach dem Wohlergehen ihrer Familie gefragt.«[128]

Liesl Karlstadts ungeheure Popularität und ihr Image als »Meisterhausfrau« beförderten sie auch zu einer idealen Werbefigur. Sie machte Reklame für Pfanni-Knödel, für den Lebensmittelhändler Meyer, für die Firma Dallmayr, für Malzkaffee und für so manches mehr. Im ersten Werbespot, der je im deutschen Fernsehen gezeigt wurde, warb sie zusammen mit Beppo Brem für das Waschmittel Persil.

Und im ersten Fernsehfilm des Bayerischen Fernsehens, der bundesweit ausgestrahlt wurde, in »Vater Seidl und sein Sohn« (1955), spielte sie an der Seite von Michl Lang die weibliche Hauptrolle.

Selbstredend war Liesl Karlstadt im München der 1950er-Jahre eine gern gesehene Persönlichkeit des öffentlichen Lebens. Keine bedeutende Veranstaltung verging, ohne dass sie nicht dazu eingeladen gewesen wäre.

»Man lasst sie ja net amal essen, die Liesl«, klagte ihre Schwester Amalie einem Reporter ihr Leid. »Sie kennen ja mei Schwester! Die kann doch nicht nein sagen! Jetzt is grad im Rundfunk bei der Probe – ein Hörbild, wissen's, zur Hundert-Jahr-Feier der Eingemeindung der Vorstadt Au. No, und morgen ist sie bei einem Abend im Salvatorkeller dabei. Dann hat sie Fernsehprobe, am Samstag geht sie im Festzug mit, am Abend wieder Sendung im Rundfunk, und nachts spielt sie in einer Festvorstellung im Deutschen Theater. Es is wirklich ein Kreuz, wie man die Liesl einspannt.«[129]

Überall, wo sie hinkam, erzeugte sie Aufmerksamkeit. Selbst Franz Josef Strauß ließ es sich nicht nehmen, sich werbewirk-

[128] Theo Riegler, Das Liesl Karlstadt Buch S. 149
[129] ebd., S. 146

Liesl Karlstadt als »Musterhausfrau«

Liesl Karlstadt, Werbung für Kernka Kaffee-Ersatz

Liesl Karlstadt und Oberbürgermeister Thomas Wimmer

Liesl Karlstadt mit ihrer Schwester Amalie

Rechts: Das letzte Bild von Liesl Karlstadt

Liesl Karlstadt in Gesellschaft

Als Dirigentin auf dem Oktoberfest

sam auf dem Oktoberfest bei der Begrüßung der Liesl Karlstadt ablichten zu lassen. Ihre Geburtstage, der 60. und der 65., waren Medienereignisse und die Zeitungen voll von Lobpreisungen.

Das Geheimnis ihres Erfolgs und ihrer Popularität waren ihre liebenswerte und bescheidene Art und ihre ungeheure Präzision, schnörkellos-einfache Menschen darzustellen, die im Spiel wirkten, als ob es »wirkliche« Menschen wären. Das liebten die Münchner an ihr, das ließ sie sagen: »Unsere Liesl.«

Ende Juli 1960 fuhr sie zusammen mit ihrer Schwester nach Garmisch, um sich in ihren geliebten Bergen ein paar Tage Erholung zu gönnen. Hier verstarb sie völlig überraschend am 27. Juli 1960 an den Folgen eines Gehirnschlags. Am 30. Juli wurde sie unter großer Anteilnahme der Münchner Bevölkerung am Ostfriedhof beigesetzt. Der Platz vor der Aussegnungshalle war schwarz vor Trauergästen. Es gab kein Durchkommen. »Als ... Hans Pössenbacher, alias Herr Brandl, seine bekannte Stimme erhob und rief: ›Gehts halt a bisserl auf d'Seitn, Leut, mir müssen ja zur Aussegnung nei!‹, da tat sich eine Gasse auf unter dem Geraune: Lassts die Familie durch.«[130]

[130] Ernestine Koch, Liesl Karlstadt, Frau Brandl, die Rolle ihres Lebens, S. 163

Erni Singerl

Das Außergewöhnliche an Erni Singerl war ihr unbändiger Wille – und dazu kam: »›Da sage einer, die Münchner hätten kein Temperament‹, meinte ein Gast im ›Platzl‹, als Erni Singerl über die Bühne wirbelte, ›die Frau hat ja Quecksilber anstatt Muttermilch bekommen.‹«[131] Das Leben der Erni Singerl war eine zielstrebige Sache: Sie wollte, sie musste Schauspielerin werden. Der Beifall des Publikums war ihre Nahrung. Dafür tat sie alles. Erni Singerl wurde Bühnenkünstlerin aus Leidenschaft, mit Herz und Seele.

Erni Singerl wurde am 29. August 1921 als Ernestine Kremmel in Puch bei Fürstenfeldbruck geboren. »Meine Eltern lebten in München und hier bin ich auch aufgewachsen. Vor meiner Geburt machte meine Mutter in Puch einen Besuch und da ist es geschehen. Ich kam viel zu früh auf die Welt.«[132]

Singerl wuchs im Münchner Ortsteil Schwabing auf, in der Osterwaldstraße, nahe dem Englischen Garten. Der Vater war Lokomotivführer, die Mutter Hausfrau. Schon als Kind sang sie gern und hörte Radio, Kinderfunk. Woran es ihr nie mangelte, war Selbstbewusstsein, schon als Kind. Was die im Kinderfunk können, das kann ich auch, dachte sich die kleine Erni im Alter von zehn Jahren, nahm ihre Harmonika und marschierte ganz allein, wie sie später erzählte, von der Osterwaldstraße in den Reichssender München zum Vorsingen.[133]

Das Lied »Der Hansl am Bach, hat lauter guats Sach, tiriholdrio, tiriholdrio« war ihre Eintrittskarte ins Unterhaltungsgeschäft. Beim Kinderfunk spielte sie dann ihre ersten Rollen, einen Teufel im Rumpelstilzchen oder in der Weihnachtszeit einen Engel.

Nach der Volksschule machte sie eine Ausbildung zur Schneiderin. Im Jahr 1937, ihre Lehre war gerade beendet, las sie eine Annonce in der Zeitung. Die Volksbühne Platzl suchte Nachwuchskräfte.

Erni Singerl

Erni Singerl als Kind

[131] 8 UHR BLATT, Die illustrierte Abendzeitung, 18. März 1953
[132] Radiozeitung Telestar/Schaltein, 8. bis 14. Juli 1967
[133] Münchner Kindl mit der Kraft der Zarten, Münchner Merkur, 25./26. September 1982

Erni Singerl mit ihrer Tante, um 1938

Das ließ sie sich nicht zweimal sagen. Sie bewarb sich, und Weiß Ferdl nahm sie.

»Dann hat er g'sagt, kannst singen? – Ja, das kann i! – Kannst tanzen? – Ja, das kann i a! – Dann hat er g'sagt, di nehm i. Und so war's.«[134] Das »Platzl« wurde Erni Singerls Schule: »Disziplin und harte Arbeit wurden einem da abverlangt. Man machte alles, Singen, Tanzen, komische Liebhaberinnen wie auch freche Lausbuben gehörten da zum Repertoire.«[135] Weiß Ferdl war ihr Lehrer, und sie verinnerlichte seine Grundsätze: Bei den Leuten ankommen, um jeden Preis. Dafür müssen die Pointen sitzen, jede. Der Schauspieler hat dem Publikum zu dienen und sich dessen Erwartungen unterzuordnen, er muss jede Rolle achten, auch wenn sie noch so nebensächlich erscheint, und darf sich, wenn es die Rolle verlangt, für keine »Peinlichkeit« zu schade sein. Weiß Ferdl bestimmte auch den ersten Künstlernamen der Erni Singerl. »Du heißt jetzt Resi, das ist bairisch.«[136] Binnen kurzer Zeit war die jetzt 17-jährige Ernestine Kremmel als »Kramer Reserl« ein fester Bestandteil des Platzl-Ensembles mit allen Aufgaben.

So spielte sie in der Weiß-Ferdl-Posse »Korbi wird eifersüchtig« den Lehrbuben Alisi, im »Lustigen Witwer« tanzte sie Cancan, im »Dreibuaberlhaus« war sie ein Enkelkind, als Münchner Straßenbahnschaffnerin sang sie »Liebe kleine Schaffnerin, kling kling kling, sag, wo fährt der Wagen hin, kling kling kling« oder sie bediente die Programmnummer »Heimattänze«, in der man sich schnell um die eigene Achse drehen musste, auf dass die Unterröcke möglichst hoch kreisten.

Mittlerweile hatte Erni Singerl ihren ersten Mann, Simon Singerl, einen technischen Angestellten, kennengelernt und 1938 geheiratet. 1939 kam ihre Tochter Helga zu Welt. Doch schon bald musste ihr Mann in den Krieg. Sie trat weiterhin, nun als Singerl Reserl, im Platzl auf.

Erni Singerl (Mitte) als Cancan-Tänzerin mit Weiß Ferdl in »Der lustige Witwer«

[134] Erni Singerl Portrait, Sendung des Bayerischen Rundfunks, Archiv-Nr. W0044409
[135] ebd.
[136] Münchner Kindl mit der Kraft der Zarten, Münchner Merkur, 25./26. September 1982

Im Faschingsprogramm 1941 spielte sie neben Weiß Ferdl die Hauptrolle in dessen Opernparodie »Carmen«. Hierzu meldete unter dem Titel »Im Platzl, Carmen – echt boarisch!« das »Münchner Abendblatt«:[137]

»Einmal alljährlich, zur Faschingszeit seligen Gedenkens, packt die heitere ›Platzl‹-Schar der kribbelige Wunsch, ein bisschen ›Maschkera‹ zu spielen, nicht mehr ›g'scheert‹ zu sein, sondern einmal recht ›noblich‹. Diesmal macht es Weiß Ferdl ganz pfundig und legt eine ›Oper‹ hin, dass es nur so scheppert. Auch die ›staatlich subventionierte Nachbarkonkurrenz‹, meinte Weiß Ferdl, hat mit der Verjüngung alter Opern Ehr' ein'glegt. Wie wär's also mit einer standfesten Oper in echt boarischer ›Platzl‹-Verjüngung? Und welches Werk würdigen Weltformats eignete sich wohl besser als ›Carmen‹, wo so ein Zigaretten-Flitscherl den bravsten aller Sergeanten durch Anbandelei in die bekannten Schwulitäten bringt, die ja auch in der Münchner Au recht bodenständig wirken. Den unschuldigen ›Sergeanten-Sepp‹, früher Don José benannt, spielt natürlich Weiß Ferdl selbst, weil kein unschuldigerer aufzutreiben war! Seine blonde ›Platzl-Carmen‹, reizend schnippisch und verführungskeck, ist das zierliche Singerl Reserl, das die große Zigeuner-Liebesarie also umsingt: Willst du mi nit, ich mir dich grad mit Fleiß ei'bild' – wenn du dich spreizen tuast, das macht mi erst recht ganz wuid!

Erni Singerl mit Tochter Helga

Erni Singerl mit ihrem ersten Ehemann Simon

Erni Singerl als »Carmen«

[137] Münchner Abendblatt, 5. Februar 1941, S. 5

Erni Singerl und Weiß Ferdl in »Carmen«

In der Rolle der Midei, vormals Micaela, lässt das echt rassespanische Hannerl Obermüller klangvolle Oberlandjodler mit Weiß Ferdl um die Wette erklingen. Und das traute Lied vom ›Alten Peter‹ findet neben den spanischen Urklängen ebenso gewiss seinen Platz wie der unvermeidliche Schäfflertanz.

Gern hätte der Umdichter dem Toreador Escamillo seine Pfundsrolle belassen. Aber kein Stierkämpfer ohne Stier. Schon hatte Weiß Ferdl vom Bombengeschäft eines täglichen Schlachtfestes mit Stierbraterei am Spieß geträumt, aber die für die nächsten Monate voraussichtlichen Stiere waren dem Ernährungsamt zu viel. So musste die Stierkämpferei abgeblasen und der Held Escamillo in den Münchner Meisterringer Oscar Miller, genannt ›Die Deutsche Eiche‹, verwandelt werden (Eberle Toni) mit Standquartier in der Au, beim ›markenfreien‹ Herbergswirt Wastl (Lang Michl), Carmens ›düsterer Kusäng‹. In diesem Beisl vollzieht sich alles mit spanischer Bayernleidenschaft. An Stelle des Säbelduells zwischen dem Leutnant Zacherl (Staffner Max) und seinem Sergeanten-Sepp tritt ein gemütlicher ›Watschenplattler‹. Wie ja überhaupt die ganze ›Flitscherl-Tragödie‹ sich auf dem Münchner Oktoberfest ganz unblutig löst.

Da nun aber ein Schlusseffekt sein muss, und zwar ein kraftboarischer, schmiert der von seiner Unschuld kurierte Sepp seinem Schneckerl eine[138] hin, was auf der Festwies'n die gleiche Wirkung tut wie ein Dolchstoß in Sevilla und zum knalligen Schlussduett der köstlichen Parodie den Anlass gibt. Das klingt nach bekannter Melodie:

Schon oft hat a Watschen das Glück ins Haus gebracht,
So a Watschen, a Watschen ist eine Himmelsmacht!«

Wie alle andern Theater schloss auch das Platzl im September 1944. Erni Singerl brachte sich während dieser Zeit mit Näh- und Schneiderarbeiten durch. Zwei Mal wurde sie ausgebombt. Ihr Mann Simon geriet in russische Kriegsgefangenschaft und verstarb am 24. Oktober 1945 in Kuegijanak in der Mongolei in Folge von Entkräftung und Hunger.

[138] eine Watschen

Schon bald nach Kriegsende drängte es Erni Singerl, wie sie sich jetzt auch mit Künstlernamen nannte, wieder auf die Bühne. »Herbst 1945, München ist eine Trümmerstadt, das Platzl ist hin (…) Aber was echte Künstler, Schauspieler, Humoristen sind, die lassen sich auch von einer allgemeinen Weltuntergangsstimmung nicht anstecken. Und als die ersten bescheidenen Versuche gemacht werden, in München wieder so etwas wie ein Theaterleben auf die Bühne zu stellen, ist Erni Singerl eine der ersten, die mit dabei sind. Adi Färber zieht in der Klenzestraße, in einem winzigen Bierlokal, ein Operettentheater auf – Erni Singerl steht auf der Bühne. Im Deutschen Theater fängt es an sich zu rühren – Erni Singerl spielt mit im ›Weißen Rössl‹ neben Fee von Reichlin und vielen anderen. Das Bürger-Theater in der Kirchenstraße holt sie als Lehrbub im ›Hunderter im Westentascherl‹.

Erni Singerl, um 1950

›Das war kurz vor der Währung. Jeden Abend musste ich sagen: Und einen Hunger hab i, einen Hunger! So echt und überzeugend war ich, glaube ich, nie wieder, denn der Magen hat mir wirklich gekracht, dass es grausam war. Bei der hundertsten Vorstellung hat mich ein Wirtsehepaar vom Max-Weber-Platz vor Begeisterung über meine schauspielerische Leistung zum Essen eingeladen. Ich erschreck heute noch, wenn ich an die Mengen denk, die ich in mich hineingestopft hab!‹ Als dann das Platzl wieder seine Pforten öffnete, war Erni Singerl wieder dabei.«[139]

Wann dies geschah, dazu gibt es unterschiedliche Aussagen. Laut Platzl-Festschrift von 1991[140] trat Erni Singerl bereits im Frühjahr 1946 wieder im Platzl auf. Sicher ist, dass sie dort 1947 in der Komödie »Der Leichenschmaus« mitwirkte. Von November 1951 bis März 1953 war das Platzl wegen Umbau geschlossen.

Als das Platzl 1953 frisch renoviert seinen Spielbetrieb wieder aufnahm, war Erni Singerl bereits ein unverzichtbarer Star im Ensemble. Und nun nahm eine rasante Karriere ihren Lauf. Vor allem ihr freches, blitzschnelles Mundwerk und ihr

[139] Klaus Belli, Erni Singerl, 1960
[140] Kaspar, Peter Inselkammer (Hrsg.), Platzl Bühne, S. 46

Erni Singerl in einer Theaterrolle, um 1950

Erni Singerl in einer Platzl-Szene

umwerfender Charme machten sie zur Stimmungskanone Nummer eins. Genau das wollten die Platzl-Besucher sehen – und sie wusste, was diese von ihr erwarteten. Für Feines, Zartes oder Ernstes war hier kein Platz. Später erzählte sie: »In der Jugend spielt man drauf los und meint, es reicht, in einer Rolle einfach gut zu sein. Wenn man älter wird, denkt man auch darüber nach, was man spielt.«[141]

Bis 1961 war Erni Singerl am Platzl beschäftigt. Pressenotizen aus diesen Jahren geben wieder, welch herausragende Rolle sie dort gespielt hat:

»Nach einem lautstarken Bankerltanz folgt das Lustspiel ›Eva in Nöten‹, bei dem sich besonders Erni Singerl so auszeichnet, dass man ihr am liebsten einen weißblauen Oscar verleihen möchte.«[142]

»Da kann sich die Erni Singerl aber einmal richtig austoben! Fürs neue Platzl-Programm hat ihr Paula Polzschuster eine Parodie nach Seelenmaß geschneidert, eine Solonummer als aufgetakeltes Münchner Empireflitscherl, eine Mischung aus

Erni Singerl auf der Platzl-Bühne

[141] Münchner Kindl mit der Kraft der Zarten, Münchner Merkur, 25./26. September 1982
[142] Süddeutsche Zeitung, 11. März 1957

Marlene Dietrich und Giftratsch'n, g'scheert und erotisch: ›Die Halbzarte von der Au‹. Und die Singerl hüpft im Kartoffelsackkleid herum, als wenn sie den Giesinger Beiß hätt', und die Leut' ham a Freud'. Original-Platzl ist die Nummer ja nicht, eher ein bisserl Varieté – aber ein sehr münchnerisches.«[143]

»Großartig ist Erni Singerl als Stiegenhaus-Ratschn, die sich dann sogar in einen Hula-Reifen verirrt und verrenkt.«[144]

»Nach dem großen Erfolg des ›Verlegenheitskinds‹ hat Regisseur Schmid-Wildy mit sicherer Hand einen neuen Schlager aufs Platzl-Programm gesetzt: den ›Ehestreik‹, einen bäuerlich sittlichen Schwank von Julius Pohl. (...) Daneben brilliert Erni Singerl als dörfliche Frauenrechtlerin, besonders wenn sie eine lange Tabakspfeife raucht. (...) Aus dem Rahmenprogramm ragt besonders das gelungene Duo ›Zwei einsame Herzen‹ mit Erni Singerl und Willi Harlander hervor.«[145]

»Den quecksilbrigen Mittelpunkt aller Darbietungen bildet

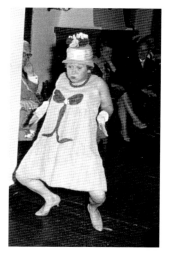

Erni Singerl als »Halbzarte von der Au«, 1961

Erni Singerl als »Frauenrechtlerin« in der Komödie »Ehestreik«, Komödienstadel 1971

[143] Abendzeitung, 8. Juni 1958
[144] Süddeutsche Zeitung, 10. Dezember 1958
[145] Süddeutsche Zeitung, 4./5. April 1959

Erni Singerl in einer Theaterszene am Platzl, um 1954

die großartig wandlungsfähige Erni Singerl, einmal als verliebtes Bauerndirndl ›Am Heuboden‹ … oder als zünftiger Lehrbub in … ›Der Hunderter im Westentascherl‹.«[146]

»Mit dem Karl-Valentin-Schwank ›An Bord‹ bringt die weißblaue Lachbühne neuerdings das Kunststück fertig, den Humor des langen Schmunzelphilosophen zwerchfellgerecht zu übersetzen. Alles brüllt, wenn Erni Singerl dabei im Telefonbuch unter ›Z‹ nach den Sanitätern sucht, getreu nach dem Valentin-Ausspruch: Es hoaßt doch auch: Zanitäter kemma.«[147]

»›Ich tat sogar poussier'n mit einem Preußen – aber mei Alter lässt mich nicht verkommen‹, bedauert Erni Singerl in einer Parodie auf den Nowak-Song. Dieses ›abgründige‹ Chanson ist Glanznummer des neuen Platzlprogramms, das neben kernigen bayrischen Witzen, lustigen Jodlern und urwüchsigen Schuhplattlern auch einen nett gezimmerten Einakter zu bieten hat.«[148]

Und noch etwas kann man diesen Pressenotizen entnehmen: Alles, was damals in der Unterhaltung populär, aktuell oder modern war, Lieder, Tänze, Themen, wurde im Platzl aufgegriffen und in Form einer »bayrischen« Variante wiedergegeben.

Höhepunkte in Erni Singerls Karriere in den 1950er-Jahren dürften sicherlich ihre erste Filmrolle als Barbara in »Ehestreik« (1953) mit Wastl Witt, Elise Aulinger und Beppo Brem gewesen sein sowie die Rolle der Anna Zagler in »Der alte Herr Kanzleirat« (1956) im Deutschen Theater mit Hans Moser in der Hauptrolle.

Die Platzl-Stars der 1950er-Jahre waren auch gern gesehene und oft engagierte Gäste bei Vereins- und Firmenjubiläen, Modenschauen, Presseveranstaltungen oder beim Salvatoranstich am Nockerberg. So trat Erni Singerl, wie auch Liesl Karlstadt, immer wieder beim Münchner Hausfrauentag auf, der von Münchner Zeitungen, zuerst vom »8 UHR BLATT«, später von der »Abendzeitung«, veranstaltet wurde.

[146] Münchner Merkur, 11. März 1960
[147] Süddeutsche Zeitung, 6. April 1960
[148] Abendzeitung, 19. Juli 1960

Das »8 UHR BLATT« schrieb am 6. Juli 1958 unter der Überschrift »Trotz Wolkenbruch: Stimmung zünftig«: »Erstmals ging das 8 UHR BLATT mit seinem Hausfrauennachmittag auf Reisen. Endstation der Fahrt war Heide-Volm Planegg. Trotz einiger ›Wasserspiele‹ des guten Petrus am Wochenende war die Stimmung einfach zünftig, denn Hausfrauen und Künstler hatten viel gute Laune mitgebracht. Und dass diese gute Laune während der drei Stunden dieses Nachmittags nicht ausging, dafür sorgten wie immer die Bunten Darbietungen und die schmackhaften und reichhaltigen Geschenkpackungen der Drei-Glocken-Eiernudeln, der Pfanniwerke, der Firma Nestlé und nicht zuletzt die großzügigen Kostproben von ›Schinkenhäger‹. Die Künstler ließen keine Minute Pause aufkommen. Die zwerchfellstrapazierende Erni Singerl mit ihrem Bauern-Boogie ließ kein Auge trocken, und der schuhputzende Carl Baierl, der vom Himmel gefallene Weiß Ferdl alias Pongratz, die zechfreudigen damischen Ritter Pino Demschik und Ludwig Brandstätter, Peppi Ganzer mit seinen Mundharmonika spielenden Volkstypen und Käthe Tellheim, deren Erzherzog-Johann-Jodler wieder einmal bejubelt wurde, eroberten sich die Herzen der Hausfrauen. Gretl Theimer führte die Hausfrauen als 8-UHR-BLATT-Hausfrau humorvoll und quicklebendig durch das Programm, und 8-UHR-BLATT-Koch Ludwig Schmidseder ließ es sich nicht nehmen, sich auf der Bühne ›zu wälzen‹ und ein Wiener Zwiebelfleisch zu kochen, das den Hausfrauen das Wasser im Mund zusammenlaufen ließ.«

Erni Singerl im Film »Ehestreik«, 1953

Erni Singerl und Karl Tischlinger

Auch das war ein Teil der volkstümlichen Unterhaltung der 1950er-Jahre. Unzählige derartige Auftritte hat Erni Singerl im Lauf ihrer Karriere absolviert, immer als Paradelachnummer.

Meist sang sie hierbei im entsprechenden Kostüm ein Lied, die kraftprotzende, Männer stemmende »Kathi von Obergiesing«, das g'scheert erotische »Mannequin von der Au«, die Männer jagende »Ku-or-tisane« und bayrische Piaf mit dem Lied »Mylord« oder den Titelsong ihrer 1970 erschienenen Langspielplatte »Pudelnackert ohne Hemd«.

Immer raste das Publikum. Die Texte hierzu hatte sie meist

Erni Singerl als frecher Bub

Erni Singerl als »Bayerische Piaf« mit dem Lied »Mylord«, 1966

Erni Singerl bei der »Modenschau Ingolstadt«, April 1969

Erni Singerl und ihr Schlager »Pudelnackert ohne Hemd«, 1969

selbst geschrieben und die Kostüme selbst genäht. Lange Jahre hatte sie sich auch sämtliche ihrer Auftrittsdirndl selbst geschneidert.

Was im Platzl ankam, gefiel auch im Rundfunk. Bereits 1952 war Olf Fischer auf Erni Singerl aufmerksam geworden. Er engagierte sie immer wieder für volkstümliche Hörspielsendungen und für »bunte« Rundfunkabende. Der Rundfunk wurde Erni Singers zweite Heimat, er machte sie weit über die Grenzen Münchens zuerst in Bayern, später in ganz Deutschland bekannt. Walter Fiedler, der mit Erni Singerl bereits 1953 im Platzl engagiert gewesen war, erzählt, dass Ludwig Schmid-Wildy, der Platzl-Regisseur, schon damals immer wieder gesagt hätte: »Die Erni, die werden wir bald nicht mehr haben, bei dem Erfolg, den sie im Rundfunk hat.«

Bei der »Weißblauen Drehorgel« konnte Erni Singerl wegen ihrer allabendlichen Verpflichtungen im Platzl nur selten eingesetzt werden. Aber in den Nachfolgesendungen wie »Bayerisches Karussell«, »Glücksradl« oder »Weißblaue Truhe« war sie Stammgast. Eine ihrer Paraderollen war das »Ratschenduo« mit Marianne Lindner. Diese erinnert sich: »Meist am Tag zuvor haben wir im Rundfunk unseren Text bekommen. Die Erni und ich sind dann immer im Gang auf und ab gegangen und haben an unserer Szene gefeilt, bis wir und später der Olf Fischer zufrieden waren. Am nächsten Tag in der Früh haben sich dann alle wieder vorm Rundfunkgebäude getroffen und dann sind wir mit dem Bus zum Auftrittsort gefahren.« Die »Bayerische Truhe« wurde, wie ihre Vorgängersendungen, vor Publikum aufgezeichnet.

Erni Singerl wurde zu einer beliebten Rundfunkstimme, eingesetzt in bayrischen Sketchen, besonders in den bayrischen Hörspielsendungen der Reihe »Komödienstadel«, aber auch als der Bayerische Rundfunk versucht, eine Nachfolgesendung für die »Brumml G'schichtn« zu etablieren: »Die Daxlwanger«. »Olf Fischer hat die neue volkstümliche Sendereihe aus der Taufe gehoben und hofft, dass ihr der gleiche Erfolg beschieden sein möge wie den Brumml G'schichtn. Der Unterschied: Diesmal sollten Alltagsangelegenheiten gezeigt werden, die sich in jeder kleinen Gemeinde ereignen können.«[149] »… und spielen tun … Michl Lang, die Rosl Günther, der Hanns Hunkele mit der Liesl Karlstadt, Hans Seitz, Erni Singerl und andere.«[150] »Verliebt über beide Ohren ist Agnes (Erni Singerl), die schöne Posthalterstochter, in ihren Berni, und dass sie ihn schließlich kriegt, dafür bürgt schon der gute Herr Pfarrer.«[151]

Der entscheidende Karrieresprung der Erni Singerl allerdings war, als die Hörspielfolge »Komödienstadel« zur Fernsehserie wurde. Es gab Publikumsstimmen, die besagten, ein Komödienstadel ohne Erni Singerl sei nur eine halbe Sache. Sie war der heimliche Star, auch wenn meist andere die Hauptrollen spielten. Hunderttausende saßen regelmäßig in Bayern vor den Fernsehapparaten und warteten, bis Erni Singerl mit losem Spruch oder einer flapsigen Bewegung die Bühne betrat.

Erni Singerl und Georg Blädel, 1962

Man ließ ihr ihre Paraderollen, tölpelhafte Mägde, resolute Haushälterinnen oder freche Lausbuben. »Der bestgezeichnete Typ ist zweifelsohne die Ochsenbauerntochter Zenzl, eine ›depperte Urschl‹, die um einer Heirat willen fortan ihre Unschuld aufs Spiel setzt. Aber nicht um die Welt beißt einer an. … Erni Singerl erhebt die naiv-aufdringliche Zenzl zur Paradefigur des Abends, mit jeder Unbeholfenheit das Behagen des Publikums steigernd.«[152] So schrieb der »Münchner Merkur« über die Aufführung »Thomas auf der Himmelsleiter« mit Beppo Brem und Maxl Graf.

In insgesamt 23 Komödienstadel-Produktionen wirkte Erni Singerl mit, der Löwenanteil in den Jahren 1962 bis 1972.

Ihr erster Komödienstadel war 1959 »Das Taufessen«, in dem Liesl Karlstadt die weibliche Hauptrolle, die Bäuerin, und Singerl die Magd Zenzi spielte. Der letzte Komödienstadel mit Erni Singerl wurde 2005 ausgestrahlt. In »Der weibscheue Hof« übernahm sie die Rolle der alten, schwerhörigen Barbara, der letzten auf dem Hof verbliebenen Frau.

Das war auch gleichzeitig Erni Singerls vorletzte Fernsehrolle.

Erni Singerl als Haushälterin Kuni in »Thomas auf der Himmelsleiter«, Komödienstadel 1975

Erni Singerl und Gustl Bayrhammer in »Witwen« von Ludwig Thoma, Komödienstadel 1969

[149] Gong, die Radiowelt, 10. Februar 1957
[150] ebd.
[151] ebd.
[152] Münchner Merkur, 24. August 1964

Erni Singerl in einer Theaterrolle am Platzl

Erni Singerl in der Fernsehunterhaltungssendung »Drei Perlen zum ersten ...«, 1962

»Ich bin einen Pointen-Bestie«,[153] sagte Erni Singerl von sich selber.

»Die ist ja von einer traumwandlerischen Pointensicherheit, die kann ein Telefonbuch vorlesen und dann lachen die Leut genau an der Stelle, an der sie möchte, dass sie lachen«,[154] sagte Marianne Lindner, ihre Partnerin im »Ratschenduo« und bei etlichen Komödienstadel-Produktionen.

Die große Fähigkeit, Pointen zu setzen, war sicher ein Geheimnis von Erni Singerls Erfolg, genau zu wissen, wie lange eine Pause sein muss, und wann es exakt so weit ist, dass der entscheidende Satz gesagt, die entscheidende Bewegung gemacht wird. Da wurde nichts, und zwar gar nichts verschenkt.

»Ich muss ein Gespür haben, wie ich eine Pointe aufbaue, ohne dass man merkt, dass ich jetzt dahin will. Und nicht warten, bis die Leute ausgelacht haben. Sondern, wenn das runtergeht, schwupp, schnell hinein wieder mit dem Text. Eine schöne Pointe wird versaut durch vielleicht bloß ein ›aber‹ oder ein ›und‹. Nichts draufsetzen, drauflosgehen, hinrotzen. Es ist eine Gefühlssache.«[155]

Erni Singerl war eine Meisterin in schauspielerischer Präzision. Das erwartete sie auch von ihren Kollegen. »Ich allein kann kein Stück machen. Ich brauch immer gute Leute um mich herum.«[156]

Sie war ein Energiewunder, die Miss 100 000 Volt des bayrischen Theaters, sie gab immer 190 Prozent. Für so manchen ihrer Kollegen war es schwer, neben dieser geballten Ladung schauspielerischer Klasse zu bestehen. Man musste etwas entgegenhalten können, denn die Singerl spielte, wenn es drauf ankam, alles an die Wand.

»Ich bin immer sehr gut mit ihr ausgekommen, was man bei Weitem nicht von allen Kollegen behaupten konnte. Aber im

---

[153] Erni Singerl Portrait, Sendung des Bayerischen Rundfunks, Archiv-Nr. W0044409
[154] O-Ton Singerl in: Mit Herz und Humor, ein Film von Sybille Krafft, Bayerisches Fernsehen 2001
[155] O-Ton Singerl in: Malve Gradinger, Münchner Merkur, 28. August 2001
[156] ebd.

Nachhinein betrachtet muss ich sagen, dass die Erni meist recht hatte. Was sie halt überhaupt nicht aushalten konnte, war, wenn jemand schlecht vorbereitet war, oder schlampig, oder wenn es einer einfach nicht konnte«, erzählt Marianne Lindner.[157]

Auch die Schauspielerin Christiane Blumhoff äußert sich auf diese Weise: »Die Erni war ein absoluter Vollprofi. Irgendwie erinnerte sie mich manchmal an ein Zirkuspferd. Hinter der Bühne saß eine alte Frau, kaum stand sie auf der Bühne, flogen die Fetzen. Das erste Mal, als ich mit ihr spielte, da war ich jung und albern. Ich hab auf der Bühne gelacht und hab dadurch ihre Szene kaputt gemacht. Da war sie ein halbes Jahr mit mir böse. Sie war so richtig sauer. Ich hab ihr dann ein Katzenbuch gekauft und mich bei ihr entschuldigt, dann war's wieder gut. Was sie auszeichnete, war absolute Disziplin. Unprofessionalität brachte sie auf die Palme, da konnte sie richtig ausrasten. Mittlerweile versteh ich das gut. Später gab sie mir immer wieder Ratschläge, wie man eine Pointe setzt oder wie man den Körper einsetzt.

Erni Singerl, um 1975

Man kann zu ihrer Art zu spielen stehen, wie man will, doch sie machte alles, was sie auf der Bühne tat, aus vollster Überzeugung. Sie wollte immer das Äußerste aus sich herausholen, damit sich der Letzte in der letzten Reihe auch noch in die Hose pinkelt vor Vergnügen. Sie wollte einfach, dass die Leute sie lieben. Dafür war ihr auf der Bühne jedes Mittel recht. Ich hab eine Hochachtung vor ihrer Leistung. Es war zudem auch eine enorme körperliche Leistung, die sie da immer vollbracht hatte.«[158]

Erni Singerl hatte Achtung vor jeder Rolle, war sie auch noch so klein und nebensächlich, sie hatte den Ehrgeiz, aus allem etwas zu machen. »Ich möchte mein Publikum doch erfreuen. Ich liebe doch mein Publikum und mein Publikum liebt mich. Da kann man doch gar nicht anders, da muss man einfach.«[159]

Diese Einstellung war ein wesentlicher Grund für ihre

[157] O-Ton Marianne Lindner im Interview mit Andreas Koll
[158] O-Ton Christiane Blumhoff im Interview mit Andreas Koll
[159] O-Ton Singerl in: Malve Gradinger, Münchner Merkur, 28. August 2001

Erni Singerl in »Die Stadterhebung«, Komödienstadel 1965

Popularität. Ein weiterer Grund dafür ist sicher in den Rollen zu suchen, die sie spielte.

»Am liebsten spiel ich einfache Frauen, die das Herz am rechten Fleck haben.«[160]

Am Anfang waren es die Mägde, später Haushälterinnen oder Mütter, meist Bedienstete – immer »das tempramentvolle, lebenstüchtige Gwachs mit dem hellen, typisch bayrischen Tonfall, der sich naiv anhört, wenn's hinterfotzig gemeint ist; der durchdringend und bissig klingt, wenn es sein muss, der aber auch von zarter Herzlichkeit beseelt sein kann, wenn es sein darf.«[161]

Sie hielt in ihren Rollen die Würde der einfachen Leute aufrecht, die sich in ihr Leben fügen, die tun, was man von ihnen verlangt, die sich aber auch nicht alles gefallen lassen, weil sie Grenzen haben, die von niemandem überschritten werden dürfen. Erni Singerl zeigte auf ihre Art diese Grenzen, liebenswert manchmal, oft resolut. Sie spielte immer einfache Frauen, die ihr vermeintlich »einfaches« Leben meistern. Sie zeigte dieses »einfache« Leben. Und auch dafür liebten sie die Leute.

Die Verantwortlichen des Bayerischen Rundfunks merkten sehr bald, dass die Fähigkeiten der Erni Singerl weit über die einer »Ulknudel« hinausgingen. Hierzu Kurt Wilhelm, der mehrere Fernsehfilme mit ihr produziert hat: »Erni Singerl hat einen Fehler, sie hat sehr viel Humor. Das hindert das Publikum zu erkennen, was für eine großartige seriöse Schauspielerin sie ist. Die Erni hat alle Register, die eine große Schauspielerin bis hin zu tragischen Rollen haben muss. Und ich hab mich immer bemüht – wir wissen ja, wie komisch sie sein kann –, sie auch in Rollen zu beschäftigen, in denen sie ernsthaft, traurig, seriös, zurückhaltend, leise sein konnte. Und das ist auch gelungen, zum Beispiel im ›Alten Feinschmecker‹.«

Erni Singerl wirkte in den Jahren von 1960 bis zu ihrem Lebensende in einer großen Zahl von Fernsehfilmen mit, die

[160] Erni Singerl Portrait, Sendung des Bayerischen Rundfunks, Archiv-Nr. W0044409
[161] Süddeutsche Zeitung, 29. August 1996

meisten in ihren angestammten Rollen. Ihr letzter im Jahr 2006 war »Und ich liebe dich doch« mit Erol Sander und Gundi Ellert, Regie führte Thomas Nikel. Eine ihrer wohl kuriosesten Fernsehproduktionen war 1962 »Drei Perlen zum ersten ...«, drei skurrile Moritaten, »schreckliche Küchendramen« mit Elfi Pertramer, Anita Bucher und Ursula Reit.

Erni Singerl in »Drei Perlen zum ersten ...«, 1962

In ihrer ersten ernsten Theaterrolle spielte Erni Singerl 1973 die Frau Vogel in »Sturm im Wasserglas« unter der Regie von Dieter Wieland in der Kleinen Komödie am Max-II.-Denkmal. Dies war für sie eine ganz besondere Herausforderung, zumal es das Maß zu erreichen galt, das die beiden großen bayrischen Schauspielerinnen Therese Giehse und Liesl Karlstadt in dieser Rolle gesetzt hatten. 1975 folgte dann die Rolle der Frau Wiesner in »Fenster zum Flur«, ebenfalls in der Kleinen Komödie, die vielleicht ihr bemerkenswertester Theaterauftritt werden sollte.

Erni Singerl in »Fenster zum Flur«, Kleine Komödie, 1975

»So gearbeitet und gezittert wie vor der Premiere von ›Fenster zum Flur‹ in der Kleinen Komödie hat Erni Singerl selten. Verständlicherweise – wusste die beliebte und populäre Volksschauspielerin doch genau, dass die tragische Rolle der Mutter Wiesner in Curth Flatows und Horst Pillaus Erfolgsstück ein entscheidender Prüfstein sei, ob ihr der Sprung ins Charakterfach gelänge oder ob sie ›von der Presse verdonnert‹ werde, wie sie fürchtete.

Nein, Erni Singerl ist nicht verdonnert worden. Publikum und Rezensenten feierten sie einmütig. Abend für Abend Szenenapplaus und Lachsalven – zwischendurch betroffene Stille, gelegentlich (fast) eine Träne im Augenwinkel. Mit dieser rührigen Anni Wiesner, die für ihre Kinder ›Höheres‹ erstrebt als ein Dasein im Souterrain eines Mietshauses, die alles so richtig machen möchte und dabei das Meiste so verkehrt macht, hat Erni Singerl ohne Straucheln den Schritt vom Brettl zur Bühne getan. Man durfte ihr gratulieren.

Die weit über alle weißblauen Grenzen hinaus bekannte Volksschauspielerin hatte es sich schon jahrelang gewünscht, nicht mehr vorwiegend auf drollige ›Buam‹ und g'scheerte Typen festgelegt zu sein, sondern ›wirkliche Menschen, Rollen

Erni Singerl als »Frau Vogel« in »Sturm im Wasserglas«, Kleine Komödie, 1973

mit Profil und Entwicklung‹ zu spielen. Oft hat sie sich bemüht, aber jedes Mal wurde dann doch eine andere genommen.

Bis eines Tages Regisseur Dieter Wieland von der Kleinen Komödie anfragen ließ, ob sie die Blumenfrau Cresenzia Vogel im ›Sturm im Wasserglas‹ spielen wolle. Erni Singerl war entzückt. Sie spielte die kämpferische Zamperlmutter vom Herbst 1973 an mit viel Erfolg. Nach dieser ersten Zäsur hat sie sich nun im ›Fenster zum Flur‹ endgültig als Charakterdarstellerin bewiesen.«[162]

Erni Singerls letzte künstlerische Heimat war die Kleine Komödie am Max-II.-Denkmal. In stiller Regelmäßigkeit stand sie hier bis ins hohe Alter von 82 Jahren auf der Bühne, in Stücken wie »Tratsch im Treppenhaus«, »Die wilde Auguste«, »Perle Anna«, »Power Paula« oder »Erni greift an«.

René Heinersdorff führte in den letzten fünf Stücken, in denen Erni Singerl in der Kleinen Komödie spielte, Regie: »Die Stücke, die ich mit Erni gemacht habe, waren selten von hohem literarischem Wert, und mir war es ein Rätsel, dass ein solches Bühnentier wie Erni sich auf derart schwache Stoffe einließ. Sie aber schaute natürlich ausschließlich nach Szenen, in denen sie ihre Facetten glaubte optimal einsetzen zu können. Ein Tanz, ein Solo, eine Szene, in der sie alle anderen Figuren dirigiert, und eine Szene im Kostüm (als Hase, als junge Braut etc.). Wir sind später dazu übergegangen, diese Elemente in Stücke vorab einzuarbeiten, von denen wir wussten, dass Erni danach Ausschau hält. Den Rest, den Umbau der Stücke, die Handhabung der anderen Rollen überließ sie komplett mir, was erstaunlicherweise zu einer großen Kompatibilität meines rheinischen und ihres bayrischen Humors führte.

Einmal hatte sie einen zentralen Monolog über Ehen und Beziehung zu sprechen. Sehr moralin, ein bisschen altmodisch und nicht so toll geschrieben. Sie drehte sich leicht Richtung Rampe und sprach ihn zu einem jungen Mädchen, das sie in dem Stück um Rat gefragt hatte.

Erni Singerl als »Wilde Auguste« in der Kleinen Komödie, 1997

[162] Süddeutsche Zeitung, 27. Februar 1975

Ich bat Erni, in ihrer Rolle als Putzfrau – sie war immerhin schon 80 – mit dem Text unter einen Glastisch zu gehen und diesen von unten zu putzen, während sie die Weisheiten von sich gab, sodass das Mädchen sich den Rat suchen musste und ihn nicht serviert bekam. Viele andere Protagonistinnen hätten zahlreiche Argumente gegen diese Form der ›Dekonstruktion‹ einer angeblich wichtigen Passage gehabt. Das Kleid, mein Rücken, da sieht mich keiner, der Text ist doch wichtig, wegen der Passage spiele ich die Rolle, und so weiter.

So schnell, wie Erni unter den Glastisch sprang, konnte ich kaum gucken, weil sie die schauspielerische Intelligenz hatte, die Qualität dieser Verfremdung zu erkennen, was sie zu einer wirklich großen Volksschauspielerin machte.«[163]

Erni Singerl in »Tratsch im Treppenhaus« in der Kleinen Komödie, 2001 (BR / Foto Sessner)

Inge Durek war zusammen mit Barbara Heinersdorff die Leiterin der Kleinen Komödie. Sie erinnert sich: »So etwa alle zwei Jahre haben wir ein Stück mit Erni gemacht. Das war gut für unser Theater. In gewisser Weise war die Erni ein Motor für das Theater. Zu viel konnten wir allerdings auch nicht mit ihr machen, in viele Stücke hat sie einfach nicht gepasst.

Die Erni war Schauspielerin mit Leib und Seele, höchst präzise. Sie hatte alle Qualitäten, die ein Schauspieler braucht, um vom Publikum geliebt zu werden. Sie war ein Theaterclown im besten Sinne. Für ihr Publikum tat sie alles. Dafür liebten sie die Leute. Für Erni gab es keine Tabus. Nichts war ihr verrückt genug, dass sie es nicht gemacht hätte. Sie war in jeder Hinsicht extrem und hatte zu allen Stücken die verrücktesten Einfälle, die sie dann den Regisseuren anbot. Die schlugen regelmäßig die Hände über dem Kopf zusammen: ›Ach Erni das geht doch nicht!‹ Ihr fielen Dinge ein, die kein Regisseur der Welt einem Schauspieler abverlangen würde, und keiner würde heute noch hierfür die Verantwortung übernehmen. Doch sie stiftete die anderen Schauspieler an, hierbei mitzumachen. Sie sprang von der Leiter, über Tische und Stühle oder stellte sich auf den Kopf. Wenn man gesagt hätte: ›Erni spring aus dem Flugzeug und lande neben der Kleinen Komödie‹, sie hätte es gemacht.

[163] René Heinersdorff, über Erni Singerl in einer E-Mail an Andreas Koll, 2008

Erni Singerl und Michl Lang in »Raubritter vor München«, Fernsehfilm 1964

Je extremer, umso lieber war es ihr. Sie wollte einfach, dass ihr Publikum auf seine Kosten kam. Dafür spielte und hüpfte, tanzte und sprang sie gegen ihr Alter an.«[164]

Die Schauspielerin Ilse Neubauer erzählt, sie habe Erni Singerl einmal gefragt, warum sie sich das in ihrem Alter noch antue, so anstrengende Rollen zu spielen, und Erni Singerl habe geantwortet: »Mei i bin a alte Frau, daheim kann i bloß rumsitzen und auf den Tod warten, und wenn ich auf der Bühne steh, dann werd ich wenigstens noch ang'schaut.«[165]

Erni Singerl hatte, obwohl in ihrer Mentalität völlig anders geschnitzt, sehr viel mit Liesl Karlstadt gemein. Beide gingen voll und ganz in der Arbeit und in der Liebe zu ihrem Beruf auf. Beide waren höchst wandelbar und gleichzeitig unverkennbar immer sie selbst. Beide hatten, wenn man die vielen Fotos ihrer Bühnenauftritte betrachtet, unzählige verschiedene Gesichter. Dies trifft aber auch auf die Rollen zu, die beide verkörperten. So wie Liesl Karlstadt in ihrer Solokarriere meist Bedienstete oder Mütter spielte, tat dies Erni Singerl auch. Beide verkörperten, natürlich auf unterschiedliche Weise, die einfache Frau aus dem Volke. Erni Singerl hat zudem in etlichen Rollen auf sich aufmerksam gemacht, in denen vor ihr schon Liesl Karlstadt glänzte, sei es als Frau Vogel in »Sturm im Wasserglas«, in der Komödie »Feuerwerk« oder in »Witwen« von Ludwig Thoma. In gewisser Weise könnte man Erni Singerl als Nachfolgerin von Liesl Karlstadt bezeichnen.

Erni Singerl war eine begnadete Buben-Darstellerin. So durfte sie des Öfteren in Fernseh-, aber auch in Bühnenproduktionen die Rolle der Liesl Karlstadt in Valentin-Szenen übernehmen. Los ging es 1960 im Deutschen Theater. Man plante im Rahmen der Veranstaltungsreihe »Lachendes München« eine Aufführung von Valentins »Raubritter vor München«, in der Liesl Karlstadt neben Michl Lang als »Bene« ihre angestammte Rolle als »Trommlerbub« spielen sollte.

[164] O-Ton Inge Durek im Interview mit Andreas Koll
[165] O-Ton Insel Neubauer im Interview mit Andreas Koll

Am 1. September war Premiere. Doch am 27. Juli war Liesl Karlstadt überraschend verstorben. Nun war die Not groß. Ursprünglich sollte Trudl Guhl, die »Stasi und Blasi«-Partnerin von Georg Blädel aus der »Weißblauen Drehorgel«, diese Rolle übernehmen, doch letztlich entschied man sich für Erni Singerl. »Der Trommlerbua Michl – die Liesl Karlstadt kann auch nicht viel goldiger gewesen sein – war Erni Singerl, ein drolliges Faxengewächs, das mit erstaunten Kugerl-Äugerln Altkluges spricht, tapfer hinterm langen Bene herstiefelt und die Trommel rührt. Haben wir gelacht«, schrieb die »Münchner Abendzeitung« am 3. September 1960, während das »8 UHR BLATT« am selben Tag bemerkte: »Leider wurde diese echt valentinische Viecherei zu stark zusammengestrichen. Und noch etwas zeigte sich hier: das Gespann Valentin/Karlstadt ist einfach nicht zu ersetzen. Selbst nicht durch so vorzügliche Münchner Volksschauspieler, wie es Erni Singerl und Michl Lang sind.«

In den 1970er-Jahren produzierte das Bayerische Fernsehen unter dem Titel »Valentinaden« einige Valentin-Szenen. So auch den »Firmling« mit Gustl Bayrhammer als Vater und Erni Singerl als Bub.

Erni Singerl und Gustl Bayrhammer in der Karl-Valentin-Szene »Der Firmling«

»Heutzutag ist es ja so, dass man jeden Schauspieler, der bayrisch spricht, ›Volksschauspieler‹ nennt, für mich ist das nicht so, für mich ist das eine Ehre.«[166]

Im Bewusstsein der Menschen in Bayern war Erni Singerl die letzte große bayrische Volksschauspielerin der Generation, die, wie Gustl Bayrhammer, Walter Sedlmayr, Karl Obermayr oder Helmut Fischer, noch das Wesen dieses bayrischen Menschenschlags verkörperte, mit all seinen Schattierungen: grantig, hinterfotzig, g'scheert, geduldig, feinfühlig, humorvoll, verletzlich und nicht auf den Mund gefallen. Sie war Münchnerin mit Leib und Seele, und sie liebte »ihre« Münchner und beschrieb sie: »Der Münchner ist ein Grantlhuber, ein Eigenbrötler. Er ist nicht unfreundlich. Er ist rau, aber er meint es nicht so. Er ist schwerfällig und langsam.

---

[166] O-Ton Erni Singerl, Mit Herz und Humor, ein Film von Sybille Krafft, Bayerisches Fernsehen 2001

Erni Singerl bei der Salvatorprobe

Es dauert, bis ein Münchner eine Freundschaft schließt, aber dann ist es auch ehrlich und hält sehr, sehr lange.«¹⁶⁷ Wahrscheinlich war sie auch so. Und noch eine Anekdote: »Am Viktualienmarkt is a oida Mo neben mir herganga. – Du bist die Singerl! – Ja, hab i g'sagt, de bin i. – Da hat er geschmunzelt und hat g'sagt: Du werst ma scho a so a Matz sei!«¹⁶⁸

Da haben wir es wieder, das »Oodrahde«, das die Münchner so lieben. Und auch das war ein Grund der enormen Popularität von Erni Singerl.

»Ihre Popularität ist so groß, dass Erni Singerl überall sofort erkannt und von Verehrern bestürmt wird: in Restaurants, in Geschäften. Man lässt sie nicht in Ruhe essen, man lässt sie kein Kleid in Muße aussuchen (›Naa, erst gibst mir a Autogramm!‹). Aufs Oktoberfest wagt sie sich schon gar nicht mehr. Zehntausend Fotos mit ihrer Unterschrift sind in den letzten Jahren weggegangen. Elftausend neue Farbaufnahmen hat ihr Mann soeben machen lassen, kein Tag vergeht ohne Autogrammpost.«

Was die Presse auch immer wieder gern von ihr berichtete: Sie war 1,54 Meter groß und hatte die Schuhgröße 35.

Den größten Ruhm jedoch erntet Erni Singerl als Darstellerin in Fernsehserien des Bayerischen Fernsehens, sei es mit Gastrollen im »Königlich Bayerischen Amtsgericht«, in »Café Meineid« oder als abergläubische Frau Eichinger in »Meister Eder und sein Pumuckl«. Deutschlandweit bekannt wurde sie als geniale Haushälterin Irmgard in der Helmut Dietl-Serie »Monaco Franze« neben Helmut Fischer und Ruth Maria Kubitschek.

»Ich muss sagen, der Helmut Dietl hat mir diese Rolle auf den Leib geschrieben, man konnte jeden Satz genauso sagen, wie er geschrieben war.«¹⁶⁹

In ihrer letzten Fernsehserie spielte sie 1990 zusammen mit

Erni Singerl, Karl Obermayr (links) und Helmut Fischer in der Fernsehserie »Monaco Franze«, 1983 (BR / Balance Film)

167 O-Ton Erni Singerl, Abendzeitung, 6. August 2005
168 O-Ton Erni Singerl, Süddeutsche Zeitung, Starnberger Neueste Nachrichten, 8. Januar 1992
169 O-Ton Erni Singerl, Mit Herz und Humor, ein Film von Sybille Krafft, Bayerisches Fernsehen 2001

der Hamburger Volksschauspielerinnen-Ikone Heidi Kabel in »Heidi und Erni«. In der Serie erben zwei ältere Damen gemeinsam einen Campingplatz.

Doch für den wohl größten Fernsehauftritt der Erni Singerl ist Helmut Dietl verantwortlich. Sie spielte in der Serie »Kir Royal« die Mutter des »Baby Schimmerlos«, eines missratenen Sohns, seines Zeichens Klatschreporter, korrupt und rücksichtslos, dargestellt von Franz Xaver Kroetz.

»Ich hab in Erinnerung, dass sie viel besser war, als ich dachte. Ich kannte sie schon, sie war der Liebling meiner Mutter – Erni Singerl, das war Radio, das war so eine Nummer, das war eine Mischung aus bairisch-proletarisch. Und dass sie das so herübergerettet hat und so weit weg von der Schablone im Kir Royal diese Mutter einfach spielen konnte, dass die so gut war, dass in der so viel drinsteckte, da war ich platt (...) sie war fantastisch. Ich bin sehr stolz, ihr Sohn gewesen zu sein.«[170]

[170] O-Ton Franz Xaver Kroetz, Mit Herz und Humor, ein Film von Sybille Krafft, Bayerisches Fernsehen 2001

Erni Singerl als »Mama Schimmerlos« in »Kir Royal«, 1986 (WDR / BALANCE FILM)

»Erni Singerl hat die meisten ihrer Fernsehrollen immer mit Perücke gespielt, das konnte man ihr nicht ausreden. Nur Dietl hat das geschafft, dass sie diese Rolle so gespielt hat, wie sie war, ohne Perücke. Dietl hat die Größe dieser kleinen Frau erkannt, jenseits aller bisherig von ihr gewohnten Rollen.«[171]

Überragend, mit welcher Eindringlichkeit Erni Singerl diese Rolle der herzkranken, vom Sohn zur Putzfrau degradierten Mutter spielte, der nichts anderes blieb, als sich in ihrer Einsamkeit das schöne und erfolgreiche Leben ihres »lieben Bubis«, der nie Zeit für sie hatte, auszumalen. Als dann plötzlich der »Bubi« auch noch im Fernsehen kommt, versucht sie den Videorekorder, ein Geschenk von ihm, noch mit Schleife verpackt, in Gang zu setzen, was ihr nicht gelingen mag. Währenddessen stirbt sie, vor Aufregung und Verzweiflung.

Helmut Dietl hat Erni Singerl in diesen Szenen Worte in den Mund gelegt, die programmatisch sind für die Generation von Frau, die sie ihr Leben lang verkörperte: »Jeden Pfennig hab ich mir einteilen müssen, dass ich es wenigstens am Sonntag für meine beiden Männer auf den Tisch hab bringen können, das Kalbsgulasch. – Jetzt hör doch einmal auf, Mama! – Warum, das ist ja koa Schand, wenn ma koa Geld net hat.«[172]

»Liebe in dem Sinn hat's bei uns nicht gegeben. Wir waren halt vierzig Jahre verheiratet, und dann ist er gestorben. Jetzt freu ich mich halt am Glück von meinem Bubi.«[173]

Erni Singerl war eine öffentliche Persönlichkeit, und als solche wurde sie auch geehrt. 1981 erhielt sie die Goldene Medaille des Bayerischen Rundfunks und 1988 das Bundesverdienstkreuz am Bande.

Was ihr Privates betraf, war Erni Singerl verschwiegen. In der Öffentlichkeit spielte sie ihre Rolle, auf der Bühne genauso wie bei öffentlichen Anlässen. Ab und zu ließ sie sich auch von Reportern zu Hause besuchen und erzählte, wie sehr sie die Gartenarbeit liebte und ihre Katzen. Von ihrer Krankheit hat sie nie gesprochen, das ging keinen etwas an.

[171] O-Ton Ilse Neubauer im Interview mit Andreas Koll
[172] aus Hermut Dietl, Kir Royal, Folge 2, Muttertag, 1986
[173] ebd.

Mitte der 1950er-Jahre hatte sie Georg Schopp kennengelernt. »Erst zehn Jahr' später san wir draufkommen, dass ma a heiraten könnt.«[174]

Dreißig Jahre war sie mit ihm verheiratet. Georg Schopp starb am 30. Juli 1995 – exakt am selben Tag, zehn Jahre später, am 30. Juli 2005, starb Erni Singerl.

»Sie war das Urbild einer resoluten Münchnerin: Erni Singerl, Bayerns beliebteste Komödiantin, ist tot. Die Schauspielerin starb bereits am vergangenen Samstag im Alter von 83 Jahren nach schwerer Krankheit. Am Dienstag wurde sie auf eigenen Wunsch im engsten Familienkreis auf dem Münchner Ostfriedhof beigesetzt.«[175]

Für ihre Todesanzeige wünschte sie sich den Satz: »Schön, dass ich bis zum Schluss meinen Weg gehen durfte.«

[174] Münchner Kindl mit der Kraft der Zarten, Münchner Merkur, 25./26. September 1982
[175] Pressemeldung des Bayerischen Rundfunks zum Tod von Erni Singerl

Erni Singerl mit ihrer Katze

Erni Singerl, 1964

Gabriele Weishäupl, Direktorin des Tourismusamts München

Der Klang ihrer unverwechselbaren Stimme dringt mir tief ins Herz: Bally Prell

Bally Prell

Mein Lieblingslied von ihr ist: »Du schöne Münchner Stadt – sei tausendmal gegrüßt«. Wie kein anderes Lied dieser Welt passt es zu meiner Profession und spiegelt meine Gefühle in den allerbesten Stunden meines Berufs und meiner Verantwortung meines ganzen Berufslebens wider.

Das Lied ist meine Hymne, wiewohl ich ansonsten eine Anhängerin der klassischen Musik, speziell der Oper bin. Aber hat Bally Prell nicht eine Opernstimme gehabt? Passagenweise hatte sie die Stimmlage eines Tenors. Was ihr in Verbindung mit ihrem Aussehen eine seltsame und anrührende Widersprüchlichkeit verliehen hat.

Die Begeisterung für Bally Prell habe ich wohl von meiner Mutter geerbt, die die Sängerin in den 1950er-Jahren in München im Platzl erlebt hat und sie auch als mehr – mehr als eine Volkssängerin empfunden hat.

Ich selbst habe in den 1970er-Jahren, ich war damals Pressereferentin bei der Münchner Messegesellschaft, im Rahmen eines Ausstellerabends ihren Auftritt als »Schönheitskönigin von Schneizlreuth« erleben dürfen. Sie stand auf einem Tisch mit der Schärpe um den unförmigen Leib, beleuchtet von dem Neonlicht der Ausstellungshalle, und brachte die internationale Abendgesellschaft zum Lachen und zum Toben.

Meine Gefühle jedoch waren ganz andere. Bei ihrem Anblick und beim Ton ihrer Stimme ging es mir eher wie heute vielen Menschen, wenn sie Paul Potts mit seiner Interpretation von »Nessun dorma« sehen und hören: Sie sind angerührt und bewegt durch eine Stimme, durch ein Gesicht.

Als Tourismusdirektorin der Stadt München habe ich dann in vielen Jahren versucht, ihre Lieder und Texte wiederaufleben zu lassen und sie in meine Präsentationen einzubauen. Aber die Stimme habe ich nicht so schnell wiedergefunden. Erst als Gabi Lodermeier beim Stadtgründungsfest »Du schöne Münchner Stadt« intonierte, war die Annäherung an Bally Prell wieder da. Ich konnte es in den Gesichtern der zumeist älteren Münchnerinnen und Münchner erkennen, die rund um die Bühne standen, viele hatten Tränen in den Augen. Und ich wusste, dass ich nicht allein bin mit meinen Gefühlen für diese ungewöhnliche Volkssängerin.

Bally Prell, mit deiner grollenden, metallischen, tragischen Stimme, bist du die Münchner Volkssängerin meines Herzens.

Bally Prell mit Mutter, 1967

Bally Prell

»Wenn ich das ›Isarmärchen‹ höre, muss ich weinen. Diese Stimme und das Wissen um das Schicksal dieser Frau rühren mich so an. Ich hab alle CDs von ihr gesammelt. Wenn ich mal traurig werden will, hör ich Bally Prell.«[176]

Am 9. Juni 2008 schreibt die »Münchner Abendzeitung« unter dem Titel »Volksmusikhits«: »Das Musikhaus Bauer & Hieber hat verraten, welche Platten bei den Münchnern besonders beliebt sind.« Auf Platz zwei rangierte Bally Prell mit dem »Isarmärchen«, auf Platz drei mit »Die Schönheitskönigin von Schneizlreuth«.

Der Stern der Bally Prell ging auf wie ein Komet, plötzlich, am 31. Oktober 1953 war sie da, im Münchner Platzl, und blieb. Monika Dimpfl hat ihrem Buch über Liesl Karlstadt den Titel »Immer veränderlich« gegeben – genau das Gegenteil trifft auf Bally Prell zu: immer unverändert. 30 Jahre lang trat sie als ein und dieselbe Figur in ein und demselben Kostüm mit ein und demselben Programm auf – und wurde geliebt dafür. »Unverwelkbar. Genau vor drei Jahrzehnten hatte sie auf der Platzl-Bühne ihre immer währende Miss-Karriere begonnen.«[177]

Nach ihrem Tod wurde sie zu einer Münchner Ikone. Man könnte verknappt sagen: Letztlich hatte sie, zumindest für die Öffentlichkeit, zwei Lieder, eines für ihren Ruhm im Leben, »Die Schönheitskönigin von Schneitzlreuth«, und eines für

[176] O-Ton Christiane Blumhoff im Interview mit Andreas Koll
[177] Münchner Merkur, 1./2. Dezember 1979

Mutter Pauline Prell mit der kleinen Bally, 1922

Ludwig Prell

ihren Ruhm nach dem Tod, das »Isarmärchen«. In ihrem Programm sang sie beide, beim ersten bogen sich die Leute vor Lachen, oft musste sie unterbrechen und die Lach- und Beifallsstürme abwarten, beim zweiten war es ruhig im Saal, alle waren gerührt, betroffen.

Die Geschichte der Bally Prell ist schnell erzählt. Heike Frey und Cornelie Müller haben ein schönes Buch darüber geschrieben. »Bally Prell kommt am 14. September 1922 im Münchner Rotkreuz-Krankenhaus als zweites Kind von Pauline und Ludwig Prell zur Welt und erhält tags darauf (…) die Vornamen Agnes Pauline. Der Name Bally wird ihr von ihrem zwölf Jahre älteren Bruder gleichsam in die Wiege gelegt, als dieser bei der Rückkunft von Mutter und Tochter aus dem Krankenhaus befindet (…) ›Des is mei Balli, des geb i nimmer her.‹ (…)

1954 wird sie ›Bally Prell‹ offiziell als Künstlername eintragen lassen. Die Familie Prell lebt seit 1918 in Schwabing in der Leopoldstraße 77, zunächst bis 1944 im Gartenhaus. Als dieses bei einem Bombenangriff zerstört wird, kann sie eine große Wohnung im zweiten Stock des Vorderhauses beziehen. (…) Bally Prell wird nie in eine andere Wohnung ziehen und wohnt dort mit ihren Eltern bis zu deren Ableben und darüber hinaus bis zu ihrem eigenen Tod.«[178]

Der Vater Ludwig Prell, ein Versicherungsangestellter, wäre wohl allzu gerne als Künstler im Rampenlicht der Öffentlichkeit gestanden. In der Münchner Unterhaltungsszene der 1920er- und 1930er-Jahre war er durch Auftritte bei Vereinsfeiern und bei Gesellschaftsabenden durchaus bekannt, große Bühnen blieben ihm jedoch versagt.

Ludwig Prell verstand sich als Musiker, Gitarrist, Komponist und Heimatdichter der Tradition der Münchner Volkssänger verbunden. In seinem Werk erscheint er beseelt von seiner Vaterstadt München. Er schrieb Gedichte, Lieder, Huldigungen.

---

[178] Heike Frey, Cornelie Müller, Wer versteht was von Gemütlichkeit, S. 34

»Wenn i mei München von weit'n seh
und hör d'Glock'n vom Frauenturm schlag'n,
da schlegelt mei' Herz dulijo und dulijö,
warum, dös muaß i enk sag'n:
München und münchnerisch
dös hat an Schwung
da waht a Lufterl frisch,
dös halt Di' jung.«[179]

Ein mitunter feinsinniger Humor zeichnete ihn aus, der aber auch vor Derbem und Zotigem nicht zurückschreckte. Anerkennung fand er mit seiner Vertonung von Ludwig Thomas »Heiliger Nacht«, die 1929 uraufgeführt wurde.

Diese seine Leidenschaften gab Ludwig Prell an seine Kinder weiter. Im Hause Prell wurde viel musiziert und gesungen. Aber mehr noch. Vater Prell hatte den Ehrgeiz, zumindest aus einem seiner Kinder einen bekannten Unterhaltungsstar zu machen.

»Der Bruder Ferdinand Prell kommt am 5. Mai 1910 zur Welt. Er macht – unter der Obhut des Vaters – im Alter von zehn Jahren als Volkssänger-Kinderstar eine erstaunliche Karriere.«[180] Sein Künstlername war »Coco« und überall sprach man von einem Wunderkind. Der Sohn Ferdinand war der ganze Stolz der Familie. Als Bally Prell geboren wurde, war dieser bereits eine stadtbekannte Persönlichkeit.

In der Familie dürfte sich alles um den Ferdinand gedreht haben, denn so eine Karriere zu organisieren, verlangt viel Einsatz. Als kleine Schwester neben so einem Bruder aufzuwachsen, dürfte die kleine Pauline sicherlich schwer beeindruckt haben. Sie versuchte, es ihm gleich zu tun. So bemerkte der »Münchner Merkur«, dass ihr »schon als Fünfjähriger, als sie vor 1000 Hausfrauen in der Tonhalle mit dem Lied aus der Gräfin Mariza ›Grüß mir die Frauen von Wien‹ auftrat, eine ›saalfüllende Stimme‹ bescheinigt wurde«.[181]

Ferdinand Prell, »Coco«, das Wunderkind

[179] Ludwig Prell, Ei'g'schänkt, ei'g'hängt, Nachlass Bally Prell, Monacensia
[180] Heike Frey, Cornelie Müller, Wer versteht was von Gemütlichkeit, S. 52
[181] Münchner Merkur, 2./3. November 1963

Bally Prell, um 1946

Bally Prell, um 1946

Am 31. März 1931 kam es zur familiären Katastrophe. Ferdinand starb völlig unerwartet im Alter von 21 Jahren an den Folgen einer Lungenentzündung. Der Vater hat den Verlust des Sohnes nie verwunden.

Nun blieb ihm nur noch die Tochter. Der Vater war für Bally Prell wohl die prägendste und zentrale Person in ihrem Leben. »Sie hatte ein sehr, sehr enges Verhältnis zu ihrem Vater, sie hat ihn vergöttert, er war ihr Ein und Alles, das hat sie auch immer wieder betont, wenn sie von ihm gesprochen hat. Dem ›Vatl‹, wie sie ihn nannte, habe sie ja alles zu verdanken«[182], erzählt Ruth Megary, die mit Bally Prell zusammen auf Tournee war und diese bei ihrem ersten Auftritt im Café Annast anmoderiert hat. Und sie berichtet auch folgende Anekdote: »Die Bally Prell sollte ja ein Bub werden. Sie hat das einmal geäußert, der Vater wollt einen Buben. Und weil sie das nicht war, wollte sie ihm das erfüllen und hat schon in frühester Jugend ihre Stimme auf ganz tief gestellt, damit der Vater wenigstens das Gefühl hat, er hat einen Buben.«

Dem »Vatl« konnte Bally offenbar nichts abschlagen, ihre Liebe zu ihm war ihr selbst gewähltes Gefängnis. In fast keiner Pressemitteilung über sie fehlt der Satz: »Ich freu mich, dass er meinen Erfolg noch erlebt.«[183] Und nach dessen Tod hauchte Bally: »Wenn der Vatl das noch erlebt hätte!«[184] »Und als dann der Vater starb, war sie irgendwie gebrochen, als Privatperson.«[185]

Sie betonte auch stets und immer wieder, dass sie nur Lieder von ihrem Vater singe. Ludwig Prell hat sich mit seiner Tochter ein unverrückbares Denkmal gesetzt.

Ab April 1929 besuchte Bally Prell die überkonfessionelle Volksschule in der Simmernstraße und ab 1937 die Mittelschule für Mädchen am Salvatorplatz. Nach 1941 erhielt sie privat eine umfassende musikalische Ausbildung. »Bally Prell (…)

[182] O-Ton Ruth Megary im Interview mit Andreas Koll
[183] Münchner Abendzeitung, 20. August 1954
[184] Münchner Merkur, 2./3. November 1963
[185] O-Ton Ruth Megary im Interview mit Andreas Koll

wurde elf Jahre in Harmonie- und Kompositionslehre und im Klavierspiel ausgebildet, so bei Professor Lorenz, bei Chordirektor Kotana und Siegfried Kallenberg.

Bei den jährlichen Gedenkgottesdiensten für Ludwig II. in der Michaelskirche singt sie Lieder von Beethoven, Schubert und anderen Meistern.«[186] Sie wollte Musiklehrerin werden. Eine explizite Gesangausbildung erhielt sie vermutlich nie. Sie betonte stets ihre breiten musikalischen Kenntnisse. Offenbar war es für sie persönlich wichtig, in der Öffentlichkeit als ernsthafte und seriöse Sängerin und nicht nur als Komödiantin dargestellt zu werden.

Wohlbeleibt war sie bereits als Jugendliche. Man diagnostizierte ihr eine Drüsenkrankheit als Ursache der Fettleibigkeit.[187]

Bally Prell mit ihrem »Vatl«, 1946

Nach 1945 hatte sie zusammen mit dem Vater einige Auftritte bei mehr oder weniger privaten Anlässen.[188]

Dann kam der 31. Oktober 1953, ihr erster großer Auftritt als »Schönheitskönigin von Schneizlreuth«: »Ballys Vater Ludwig Prell, ein bekannter Münchner Heimatdichter und Volkssänger, schrieb im September vorigen Jahres das Lied. Es sollte ein Geburtstagsgeschenk für die Tochter werden. Im ›Platzl‹ erlebte es seine Uraufführung. ›25 Vorhänge hat's an dem Abend gegeben‹, erzählt Bally. ›Und d'Leit war'n begeistert.‹« [189] Der Text und die Idee des Liedes stammten von ihrem Vater, die Melodie war vom Berliner Operettenkomponisten Paul Lincke entlehnt.

»Damals war ja die Zeit der Schönheitsköniginnen. Schönheitskonkurrenzen gab es am laufenden Band, das war neu damals nach dem Krieg. Das war äußerst aktuell. Sie hatte das richtige Lied zum richtigen Thema in der richtigen Zeit. Und dadurch, dass sie eine Persiflage darauf gemacht hat, in Bayrisch, das hat die Leute begeistert. So etwas gab es bis dahin noch nicht. Das hatte auch viel mit der Zeit zu tun. Anfang

Bally Prell als »Schönheitskönigin von Schneizlreuth« mit ihrem »Vatl«, 1953

[186] Süddeutsche Zeitung, 4. November 1963
[187] Heike Frey, Cornelie Müller, Wer versteht was von Gemütlichkeit, S. 65
[188] ebd.
[189] Münchner Abendzeitung, 20. August 1954

Bally Prell als »Schönheitskönigin von Schneizlreuth«, 1969

der 1950er-Jahre war gerade das Volkstümliche in München sehr populär. Das wurde dann anders, als der Elvis Presley kam und später die ›Halbstarken‹. Aber besonders ihre Art der Darbietung hat das ausgemacht, zusammen mit ihrer tiefen Stimme natürlich, und dem Text, wo ja jedes Wort sitzt, von der Pointe her, jedes Wort war am richtigen Platz und hat den richtigen Sinn gehabt.

Dazu kam noch ihre Körperlichkeit, sie war ja dicklich, so jemand, den man knuddeln will. Sie wirkte sehr sympathisch und sie war ja jung, hatte ein schönes rundes Gesicht. An ihrem Vortrag konnte man nicht das Geringste verbessern, nichts war daran auszusetzen.

Außerdem hatte sie die Ausstrahlung, die man auf der Bühne in unserem Beruf braucht. Die hat man, oder man hat sie nicht. Sie hatte sie. Sie wirkte auch nie eitel oder überheblich, immer sehr natürlich. Da war alles perfekt. Sie war sicher von ihrem Vater aufs Beste für die Bühne vorbereitet worden.«[190] Alles war bis ins letzte Detail ausgeklügelt, ein »Gesamtkunstwerk«.[191]

Bally Prell wurde eine perfekte grotesk-komische Rolle auf den Leib geschneidert. Die Figur des Grotesk-Komikers war in verschiedensten Ausprägungen bereits in der Volkssänger- und Varieté-Unterhaltung um 1900 eine höchst beliebte und erfolgreiche Rolle, selbst den »G'scheerten« könnte man im weitesten Sinne als solche bezeichnen. Das Prinzip war einfach: Der Künstler machte sich durch Überzeichnung seiner Körperlichkeit und seinen jeweiligen Vortrag über sich selbst lustig. Selbst Karl Valentin hatte so seinen Durchbruch als Künstler geschafft. Valentin spielte im hautengen Kostüm mit extrem langer Nase den armen dürren und hageren Mann. Der Witz lag in der Darstellung eines Paradoxums. Bally Prell betonte ihre »Unförmigkeit« und assoziierte gleichzeitig als »Schönheitskönigin« sämtliche damals gängigen weiblichen Schönheitsideale.

[190] O-Ton Ruth Megary im Interview mit Andreas Koll
[191] Münchner Merkur, 2./3. November 1963

> Ja, ja, jajajajaja, ha, was sagn's denn da,
> ich, dö Schneizlreutherin, bin Schönheitskönigin.
> Ja, ja, jajajajaja, dass dieses Wunder geschah,
> verdank ich nur, meiner zierlichen Figur.[192]

Sie selbst erschien hierbei nie als Frau, nur als komische Figur. Hinzu kam ihr überragendes komödiantisches Talent. Viele Fotos, die sie in Posen und Gesten als »Schönheitskönigin« zeigen, geben das wieder. Bally Prell war vom ersten bis zum letzten Moment ihrer Karriere auf der Bühne ein Ereignis.

In fast allen Ankündigungen und Pressemitteilungen finden sich Anspielungen auf ihren Körper. »Die Bally, Dame von Format – ›i wieg über einen Zentner‹, sagt sie, heftig untertreibend – singt seither als liebenswürdiger weiblicher Clown, sich selbst parodierend, die Schönheitskönigin.«[193]

»Sie schaut auch nach 30 Jahren noch so rund und rosig aus wie einst im Mai.«[194]

Sie war eine Marke und die Massen tobten. Schnell wurde der Rundfunk auf sie aufmerksam. Eine steile Karriere nahm explosionsartig ihren Lauf. Sie wurde zu einem Star der »Weißblauen Drehorgel«, Rudolf Kempf engagierte sie für seine Tourneeprogramme, Gesellschaftsabende, Bierzelte, Festakte, überall wurde genau diese Rolle nachgefragt, 30 Jahre lang. »Genauso wie heute erschien sie damals: Im bunten Kleid, mit weißblauer Schärpe, weißen Strümpfen und Handschuhen, mit Schirm und lustigem Krönchen.«[195]

Auch ihr Programm behielt sie über diese ganze Zeit hin beinahe unverändert bei. Sie begann »mit der ›Schönheitskönigin‹, gefolgt von ›Isarmärchen‹ oder ›St. Anna Vorstadt‹, ›Genoveva‹ oder ›Funiculi Funicula‹ und einer Zugabe«.[196]

---

[192] aus Ludwig Prell, Die Schönheitskönigin von Schneizlreuth
[193] Süddeutsche Zeitung, 4. November 1963
[194] Münchner Merkur, 1./2. Dezember 1979
[195] Süddeutsche Zeitung, 4. November 1963
[196] Heike Frey, Cornelie Müller, Wer versteht was von Gemütlichkeit, S. 113

Bally Prell, das »Bayerische Denkmal«, Ball der Damischen Ritter, 1975

»Sie wurde auch natürlich immer wieder nachgemacht, aber keiner hat das bei Weitem so gut gekonnt wie sie.«[197]

Bally Prell ging immer wieder gerichtlich gegen ihre Nachahmer vor.[198]

Von ihrem Wesen her war Bally Prell eher schüchtern und verschlossen. »Wir sind mehrmals zusammen auf Tournee gewesen. Sie war, was man von einer Komikerin oder Humoristin gar nicht so erwartet, privat sehr ernst und ganz zurückgezogen. Sie hat eine Sologarderobe beansprucht und wollte nicht unter Kollegen sein. Sie hat eine private Chauffeurin gehabt und sie ist sofort nach ihrem Programm wieder verschwunden. Auf irgendwelche Gespräche oder sonst was hat sie keinen Wert gelegt, das wollte sie nicht. Das war aber keine Unfreundlichkeit, sie war sehr freundlich, aber distanziert. Sie war ja schwer zuckerkrank, schwer. Ich denk, das hatte viel mit ihrer Krankheit zu tun. Sie musste sich immer spritzen, deshalb hat sie auch eine eigene Garderobe verlangt. Also privat hatte sie keinen Kontakt zum Kollegenkreis. Nur ganz wenige haben je mit ihr privat zu tun gehabt.«[199]

[197] O-Ton Ruth Megary im Interview mit Andreas Koll
[198] Heike Frey, Cornelie Müller, Wer versteht was von Gemütlichkeit, S. 91
[199] O-Ton Ruth Megary im Interview mit Andreas Koll

»Bally Prell war mit allen Kollegen per ›Sie‹, keinem, soweit ich weiß, hat sie je das ›Du‹ angeboten.«[200] Dennoch war sie bei ihren Kollegen beliebt. »Sie war herzensgut, immer freundlich und sehr hilfsbereit.«[201]

In ihrem Exemplar des Buches »Die Weißblaue Drehorgel« von Klaus Netzle sammelte sie Widmungen ihrer Kollegen. Diese zeugen davon. Doch das Leben als öffentliche Person dürfte sie weitgehend als lästige Pflicht empfunden haben.

Ihre eigentliche Welt war ihre elterliche Wohnung in der Leopoldstraße. Hier blühte sie auf, hier gab sie sich ungezwungen. Hier lud sie Freunde und Bekannte zu gemeinsamen Abenden ein, das Motto: Die Schönheitskönigin lädt ein. Mit dieser Rolle dürfte sie sich wohl auch identifiziert haben. Zumindest war sie stolz auf ihren Erfolg. Auf einer großen Zahl von Tonbändern und Kassetten sind diese Abende dokumentiert.

Bally Prell, 1975

Hier ging sie auch ihren gesanglichen Neigungen und Leidenschaften nach. Sie studierte Arien aus Opern und Operetten ein, romantische Kunstlieder und bekannte Schlager und begleitete sich hierbei selbst am Klavier. Besonders beschäftigte sie sich mit dem Repertoire von Tenören. Ausgesprochen weibliche Gesangsrollen interessierten sie nicht.[202] Selten, nur bei gelegentlichen Auftritten in Kirchen, bei Festakten oder Begräbnissen, sang sie solche Lieder, nie auf der Bühne.

Emil Vierlinger vom Bayerischen Rundfunk versuchte, ihr immer wieder auch anderes zu entlocken, doch das wollte sie nicht.[203] Viel mehr als eine kleine Rolle in einer Folge der »Brumml G'schichtn« kam nicht dabei heraus. Mit ihrem Vater sang sie auch noch dessen Kompositionen zu Thomas »Heiliger Nacht«, und Anfang der 1960er-Jahre hatte sie mit ihm acht bemerkenswert schöne Lieder zu Texten von Georg Queri aufgenommen. Das war's. Die Abgeschlossenheit in ihrer privaten Welt war ihr Leben.

Bally und ihr »Vatl« Ludwig Prell, Ball der Damischen Ritter, 1963

Musizieren zu Hause, Bally Prell 1972

[200] O-Ton Walter Fiedler im Interview mit Andreas Koll
[201] ebd.
[202] Heike Frey, Cornelie Müller, Wer versteht was von Gemütlichkeit, S. 108
[203] ebd., S. 175

Bally Prell und Hedwig Gösswein, 1975

Nach dem Tod der Vaters 1965 und der Mutter 1970 fand sie in Hedwig Gösswein eine Freundin und Lebensgefährtin. Diese begleitete sie von nun an als Chauffeurin zu allen Auftritten.

Bally Prell starb am 20. März 1982. »Ein Stück München, ein Stück Bayern ist nicht mehr: Im Alter von 59 Jahren starb Bally Prell, die ›Schönheitskönigin von Schneizlreuth‹, an den Folgen einer Operation. (…) ›Bin ich vielleicht nicht schön?‹, hat die in ihren besten Zeiten fast zwei Zentner schwere Sängerin mit dem unverwechselbaren Münchner Tonfall (…) in vielen Jahren unzählige Male an ihr Publikum gerichtet. (…) Die gewichtige Münchnerin besaß eine bemerkenswerte Stimme, nämlich glockenreinen Tenor. (…) Aber ihre Stimme wird man auch noch in den nächsten Jahren hören. Zur unvergessenen und unverwechselbaren Erinnerung an München.«[204]

Nur in München fühlte sich Bally Prell zu Hause. »Ich bin eine reinrassige Münchnerin«,[205] »wenn ich von München wegkäme, und wärs über den Ozean, zu Fuß tät ich wieder zurücklaufen.«[206]

Nach ihrem Tod wurde diese bescheidene, lebenslustige und dennoch zurückgezogene Frau für die Münchner auf

[204] Münchner Merkur, 23. März 1982
[205] Münchner Abendzeitung, 20. August 1954
[206] Münchner Abendzeitung, 6. März 1971

eigentümliche Weise zum personifizierten Inbegriff ihrer Liebe zu dieser Stadt.

Jürgen Kirner, Sänger der Münchner Musikkabarettgruppe »Couplet AG«, antwortet auf die Frage »Was ist heute noch das Faszinierende an Bally Prell?«: »Die Bally Prell hat, was nur ganz wenige Personen ihr Eigen nennen, ein unwahrscheinliches Charisma und eine Darstellungskraft, die eine absolute Einzigartigkeit hat. Diese Herzlichkeit und Warmherzigkeit von ihr, die spürt man einfach durch ihre Lieder hindurch, so erreicht sie direkt die Seelen der Menschen. Ich hab früher auch immer wieder Auftritte mit Bally-Prell-Liedern gehabt, wie etwa mit dem ›Isarmärchen‹. Also wenn ich das ›Isarmärchen‹ gesungen hab, dann waren die Leute oft zu Tränen gerührt, sie wurden wie kleine Kinder. Das hat offenbar bei den Menschen auch psychisch etwas ausgelöst, ich weiß es nicht, ich kann mir das bis zum heutigen Tag nicht erklären. Oder kürzlich haben wir im Zirkus-Krone-Bau bei einer Veranstaltung mit den Münchner Philharmonikern und den ›Schwuhplattlern‹ das ›Isarmärchen‹ aufgeführt. Da hat das ganze Publikum, 2000 Leute, mitgesungen. Das ist eine unheimliche Stimmung, die kann man mit Worten gar nicht wiedergeben.«[207]

Der Name Bally Prell steht bei den Münchnern für Natürlichkeit, für Ehrlichkeit und Unverstelltheit, dafür, dass jemand den Mut hat, zu sich selbst und seinem Körper zu stehen, ihn annimmt. Aber nicht nur das. Bally Prell fügte sich in ihr Leben. Obwohl sie andere Träume und Sehnsüchte hatte, eine ernsthafte und anerkannte Sängerin sein wollte, lebte sie ihre Rolle als Komödiantin mit ganzem Herzen. Und auch das ist ein Wesenszug, den die Münchner schätzen: sich in sein Schicksal fügen, auch wenn es das Leben mit einem anders meint als man selbst.

Doch über allem stehen das tiefe Gefühl und diese ehrliche Inbrunst, die sie mit ihren Liedern ihrem Publikum und der Stadt München entgegenbrachte, und das machte sie für die Münchner unsterblich.

[207] O-Ton Jürgen Kirner im Interview mit Andreas Koll

Bally Prell, Ikone Münchens

Ida Schumacher

Ida Schumacher wurde als Ida Strömer 1894 in Arnstorf / Niederbayern geboren. Ihre Laufbahn begann sie als Sopranistin im Künstlerlokal »Papa Benz« in der Leopoldstraße. Nach dem Verlust ihrer Stimme wechselte sie zum Tegernseer Bauerntheater, dem sie 18 Jahre angehörte. Nach 1950 wurde sie durch Fritz Benscher vom Bayerischen Rundfunk entdeckt und erlebte als die berühmteste Münchner »Ratschkathl« der Nachkriegszeit eine zweite Karriere. Sie war unter anderem Stammgast bei der »Weißblauen Drehorgel« und trat mit allen »Rundfunk-Lieblingen« ihrer Zeit auf, so auch mit Liesl Karlstadt, Erni Singerl und Bally Prell. Legendär waren ihre Szenen von der »Oartandlerin« (Eierverkäuferin) und von der »Trambahnschienenritzenreinigungsdame«.

Erni Singerl erzählte folgende Anekdote über sie: Ida Schuhmacher konnte sich ihre Texte nicht besonders gut merken und bat daher Erni Singerl, ihr einzusagen. Plötzlich schob Ida Schumacher während der Szene den hinteren Bühnenvorhang zur Seite, und alle sahen die Souffleuse Erni Singerl, ohne Perücke, mit zerzaustem Haar, Text und Zigarette, hinter der Bühne stehen, was dieser sichtlich peinlich war.

Ida Schumacher starb am 6. April 1956. Ein Brunnendenkmal am Münchner Viktualienmarkt, 1977 errichtet, erinnert an diese große Unterhalterin.

Ida Schumacher als Münchner »Ratschkathl«

Ida Schumacher (Mitte) mit Wastl Witt (rechts) in »Erster Klasse« von Ludwig Thoma

Elfi Pertramer

Elfi Pertramer war Schauspielein, Schrifstellerin und eine bedeutende Stimme des Bayerischen Rundfunks. Sie wurde am 1. November 1924 als Elfriede Bernreuther in München geboren. Ihre Karriere begann nach 1945 als Sängerin und Kabarettistin unter anderem im »Bunten Würfel«. Mit Olf Fischer kam sie zum Bayerischen Rundfunk. Hier wurde sie durch die »Weißblaue Drehorgel« und durch viele Hörspiele schnell einem breiten Publikum bekannt. Filmrollen folgten: Sie spielte neben Erni Singerl im »Ehestreik«, in »Zwei Männer im Schnee«, in »Ein Mann geht durch die Wand« bis hin zu »Liebesgrüße aus der Lederhose« (1973). Eine ihrer größten Filmrollen war 1962 neben Heinz Rühmann und Hans Clarin in »Max der Taschendieb«.

Elfi Pertramer in »Drei Perlen zum ersten ...«, 1962

Nach 1970 zog sie sich aus dem Unterhaltungsgeschäft zurück und schrieb Bücher. Einem großen Fernsehpublikum wurde Elfi Pertramer durch ihre Kultserie »S' Fensterl zum Hof« bekannt, in der sie Heiteres, aber auch Ernstes, Nachdenkliches und Kurioses über das Leben der Leute in einem Münchner Hinterhof der 1960er-Jahre verbreitete. Elfi Pertramer war Komödiantin und gleichzeitig eine ernste und geistvolle Künstlerin. Ein Zitat aus ihrem Kurzfilm »Die Arbermandl«, in dem sie im Nebel verschwindende, tief verschneite Bäume des Bayerischen Waldes mit ihrer Stimme in gespenstische menschliche Figuren verwandelt, mag hierfür als Beispiel dienen: »Schau, da steht wieder einer, der's Mai[208] offen hat, gibt ja grad g'nug. Der, der schreiert den ganzen Wald z'ammen, wenn er grad könnt. Aber der Wind bläst ihm das Wort aus'm Mei, trägt es davon in sein' Bauch. Von allen Ecken und Enden der Welt druckt er es z'amm, Red und Wort. Besser man horcht gar net so genau hin. So g'wiss braucht man alles net z'wissen. Könnt ma's Zittern und Zabbeln anfangen, wie der da!«[209]

[208] den Mund
[209] gesprochener Dialekttext in der Schreibweise frei zitiert nach: »Die Arbermandl« von Elfi Pertramer, Bayerisches Fernsehen, 1985, Redaktion: Mato Weiland

Marianne Lindner

Marianne Lindner (links) mit Erni Singerl im Komödienstadel »Graf Schorschi«, 1962

Marianne Lindner wurde am 11. Dezenber 1922 als Marianne Lang in Thüringen geboren. Anfang der 1950er-Jahre betrieb sie mit ihrem Mann Siegfried Lindner eine kleine Bauernbühne. Olf Fischer leitete damals eine Sendereihe im Bayerischen Rundfunk unter dem Titel »Bayerische Bauernbühnen«, in der Vorstellungen von verschiedenen bayrischen Bühnen für den Rundfunk aufgezeichnet wurden. »Und uns hat da furchtbar g'stunken, dass mir da nicht dabei waren. Also haben wir eine unserer Vorstellungen auf Tonband aufgezeichnet und ihm das Band geschickt.«[210] So kam Marianne Lindner zum Bayerischen Rundfunk. Ihre Premiere im Fernsehen hatte sie 1961 in der Komödienstadel-Produktion »Die drei Eisbären«, ebenfalls unter der Leitung von Olf Fischer: »Das hat er (Olf Fischer) aufgezeichnet in Freimann, richtig wie Bauerntheater. Eine Bühne hat er aufbauen lassen, wie in so einem Wirtshaussaal, das Regengeräusch hinter der Bühne hat er machen lassen mit einem großen, flachen Sieb, da waren Erbsen drin, den Donner mit einem Donnerblech und das Kindergeschrei hab ich gemacht, da hab ich noch hundert Mark extra dafür gekriegt.«[211] In vielen weiteren Komödienstadel-Sendungen hat Marianne Lindner mitgewirkt. Eine besondere war sicherlich 1971 das Stück »Ehestreik« zusammen mit Erni Singerl, die erste Live-Sendung eines Komödienstadels im Fernsehen von der Berliner Funkausstellung. So wurde Marianne Lindner zu einer äußerst bekannten und beliebten bayrischen Volksschauspielerin.

Eine große Zahl von Rollen in Film- und Fernsehproduktionen sollen folgen. In den 1980er-Jahren stand sie regelmäßig im Münchner »Theater rechts der Isar« auf der Bühne und spielte in Max Frischs »Besuch der Alten Dame« und verschiedenen Stücken von Dario Fo. Diese Zeit bezeichnete sie in einem Gespräch als ihre schönste als Schauspielerin. Marianne Lindner lebt am Tegernsee.

[210] zitiert nach der Hörfunk-Sendung des Bayerischen Rundfunks: Vater des Komödienstadels von Eva Demmelhuber, 1997
[211] ebd.

Elise Aulinger

Elise Aulinger wurde 1881 in München geboren. Sie war Volksschauspielerin, glänzte in Theaterstücken von Ludwig Thoma und Ludwig Anzengruber und gehörte jahrelang zum Ensemble der Münchner Kammerspiele. Nach ihrem Rundfunkdebüt 1924 mit Ludwig Thomas »Heiliger Nacht« war sie bis zu ihrem Lebensabend regelmäßig im Radio zu hören.

Zwischen 1921 und 1956 wirkte sie in vielen Spielfilmen mit, meist in Heimatfilmen wie »Krabamboli«, »Das sündige Dorf«, »Der verkaufte Großvater«, »IA in Oberbayern«. Ihre Filmpartner waren Weiß Ferdl, Beppo Brem, Hardy Krüger, Joe Stöckel, Ludwig Schmid-Wildy, Elfi Pertramer und auch Liesl Karlstadt. Mit der Figur der Ganshandlerin Veronika Wurzl gilt sie als eine Erfinderin der Münchner Ratschkathl. Elise Aulinger starb am 12. Februar 1965. Auch ihr zu Ehren ließ die Stadt München auf dem Viktualienmarkt ein Brunnendenkmal errichten.

Elise Aulinger

Veronika Fitz

Die bayrische Volksschauspielerin Veronika Fitz wurde am 28. März 1936 als achtes Kind des Schauspielers Fritz Fitz und seiner Ehefrau Ilse Fitz, der langjährigen Leiterin der Münchner Märchenbühne, geboren.

Hier machte sie ihre ersten Theatererfahrungen. Als Schauspielerin war sie eine Naturbegabung. Ihre populärste Rolle spielte sie neben Ilse Neubauer und Helmut Fischer in der Fernsehserie »Die Hausmeisterin«, für die sie 1990 auch mit dem Grimme-Preis ausgezeichnet wurde.

Veronika Fitz als Hausmeisterin Martha Haslbeck in der gleichnamige Fernsehserie (Foto: BR / Hans Seidenabel)

Das Ende

Enden möchte ich mit Namen. Viele Volkskünstlerinnen mussten unerwähnt bleiben. Wenigstens mit der Nennung ihrer Namen sollen sie hier gewürdigt sein: Anni Reininger, Kathi Prechtl, Ruth Megary, Dora Altmann, Rosl Mayr, Michaela May, Ilse Neubauer, Christiane Blumhoff, Rosl Günther, Liane Rieger, Ruth Kappelsberger, Katharina de Bruyn, Fee von Reichlin, Erika Blumberger, Thea Aichbichler, Anny Koch, Lola Ammerlander, Marie Hager, Elise Huber, Annemarie Rappold, Elsa Hornberger, Gisela Schneeberger, Monika Baumgartner, Monika Manz und viele, viele mehr.

Literaturnachweis

Elisabeth Angermair, Theater in den Nachkriegsjahren: Kammerspiele, Volkstheater, Privattheater, in: Friedrich Prinz (Hrsg.): Trümmerzeit in München, München 1984, S. 193

Rudolf Bach, Die Frau als Schauspielerin, Tübingen 1937

Helmut Bachmaier (Hrsg.), Kurzer Rede langer Sinn, Texte von und über Karl Valentin, München 1990

Helmut Bachmaier, Manfred Faust (Hrsg.), Karl Valentin, Sämtliche Werke in acht Bänden, München 1995

Hermann Bausinger, Volkskunde, Tübingen 1979

Klaus Belli, Erni Singerl, in: Mathäser Neueste Nachrichten, Größte und bedeutendste Bierzeitung der Welt, Nr. 1, München, Januar 1960

Rüdiger Bolz, Von Radio München zum Bayerischen Rundfunk, in: Friedrich Prinz (Hrsg.): Trümmerzeit in München 1984, München 1984, S. 204

Monika Dimpfl, Immer veränderlich, Liesl Karlstadt (1882 bis 1960), München 1996

Konrad Dreher, Abreißkalender meines Lebens, München 1929

ders., Schlierseer Bauerntheater, Programmheft, 1887

Lion Feuchtwanger, Erfolg, Berlin und Weimar 1973

Heike Frey, Cornelie Müller, Wer versteht was von Gemütlichkeit. Die Münchner Vortragskünstlerin Bally Prell, Münchner Volkssängerinnen nach 1945, München 2003

Max Halbe, Scholle und Schicksal, Salzburg 1940

Alois Hönle, Die von der drentern Isar, Vorstadt-Operette in 2 Akten für 6 Herren und 4 Damen, Münchner Blut 190B, Heinrich Bauderer Verlag, München o. J.

August Junker, Der Schöne Kare, Münchner Blut 37/38, Heinrich Bauderer Verlag, München o. J.

Liesl Karlstadt, Monika Dimpfl (Hrsg.), Nebenbeschäftigung Komikerin, Texte und Briefe, München 2002

Barbara Kaspar, Peter Inselkammer (Hrsg.), Platzl Bühne, die Bayerische Volksbühne. Festschrift zum 85. Jubiläum, München 1991

Ernestine Koch, Liesl Karlstadt, Frau Brandl, die Rolle ihres Lebens, Dachau 1986

Kaspar Maase, Grenzenloses Vergnügen, Frankfurt 1997

Erni Maxstadt, Münchner Volkstheater im 19. Jahrhundert und ihre Direktoren, München 2002

Klaus Netzle (Hrsg.), Die Weißblaue Drehorgel, München 1957

Elfi Pertramer, Die magische Insel. Geschichten aus Sardinien, von den geheimnisvollen, wunderbaren Kräften der Seele, München 1978

Friedrich Prinz (Hrsg.): Trümmerzeit in München. Kultur und Gesellschaft einer deutschen Großstadt im Aufbruch 1945–1949, München 1984

Friedrich Prinz, Marita Krauss (Hrsg.), Trümmerleben. Texte, Dokumente, Bilder aus den Münchner Nachkriegsjahren, München 1985

Theo Riegler, Das Liesl Karlstadt Buch, München 1961

Werner Roider (Hrsg.), Der Roider Jackl, München 2002

Josef Ruederer, München, Stuttgart 1907

Claudia Seifert, Aus Kindern werden Leute, aus Mädchen werden Bräute, München 2006

Ludwig M. Schneider, Die populäre Kritik an Staat und Gesellschaft in München (1886–1914), München 1975

Sabine Sünwoldt, Weiß Ferdl und sein Repertoire mit Überlegungen zur Funktion populärer Unterhaltung im München der 1920er und 1930er Jahre, unveröffentlichte Magisterarbeit, Institut für Volkskunde, München 1984

Karl Valentin, Gerhard Pallmann (Hrsg.), Der Knabe Karl. Jugendstreiche, Berlin 1951

Weiß Ferdl erzählt sein Leben, München 1951

ders., Es wird besser, München 1939

ders., guat troffa, München 1933

Gunna Wendt, Liesl Karlstadt. Ein Leben, München 1998

Kurt Wilhelm, Brumml G'schichtn, München 1948

Georg Jacob Wolf, Die Münchnerin. Kultur und Sittenbilder aus dem Alten und Neuen München, München 1924

Abbildungsnachweise

Für die Überlassung von Bildrechten bedanken wir uns bei Gunter Fette und den Karl-Valentin-Erben Anneliese Kühn und Rosemarie Scheitler sowie bei folgenden Personen und Einrichtungen:

Monacensia, München: 67, 68 oben, 74, 81 oben, 85, 95, 97, 100, 101, 103, 104, 105, 107, 114 oben, 115, 116 unten, 120 unten, 121 unten, 124, 127, 130 unten, 133 oben, 134 oben linkd, 135–153, 154 oben, 157–164, 166–169, 171, 172
Valentin-Karlstadt-Musäum, München: 15–20, 22–24, 26, 28–30, 32–34, 36, 38–41, 46–52, 54 unten, 56–60, 68 unten, 69, 70, 73, 75, 77, 80, 81 unten, 82, 88–90, 92, 93 oben, 106, 108–113, 114 oben, 117, 119, 120 oben, 121, 122, 123, 126, 127 links, 128, 129, 131, 132, 133 Mitte, 134, 170, 173 oben
Stadtarchiv, München: 13, 31, 54 oben und Mitte, 62, 93 unten, 114 Mitte und unten, 116 oben, 118
Stadtmuseum, München: 45, 96
Bildarchiv des Bayerischen Rundfunks, München: 154 unten, 173 unten
Bildarchiv des Westdeutschen Rundfunks, Köln: 155
Privatarchiv der Familie Roider: 78
Privatarchiv Walter Fiedler: 130 oben, 133 unten
H. Schürer: 62
Privatarchiv Andreas Koll: 55, 71, 72

Die Quellen aller Abbildungen wurden sorgfältig recherchiert. Sollte uns ein Nachweis entgangen sein, bitten wir Sie, mit dem Allitera Verlag, München, Kontakt aufzunehmen.

Dank an

Dr. Angelika Baumann, Eva Becher, Christiane Blumhoff, Inge Durek, Gunter Fette, Walter Fiedler, Heike Frey, Helga Hamatschek, René Heinersdorff, Barbara Heinersdorff, Margot Kempf, Jürgen Kirner, Sybille Krafft, Dr. Manfred Kramm, Anneliese Kühn, Marianne Lindner, Ruth Megary, Cornelie Müller, llse Neubauer, Michaela Pichlbauer, Dr. Werner Roider, Rosemarie Scheitler, Eva Schuster, Gabriel Schuster, Elisabeth Tworek, Steffi Tschon, Daniela Weiland, Klaus Weisenbach, Gabriele Weishäupl. – Ein besonderer Dank gilt Sabine Rinberger und dem Valentin-Karlstadt- Musäum München.

Register

Albrecht, Gebrüder 21f.
Alpensänger 31, 33ff., 105ff.
Alpensängerterzett 34, 106, 109
Altmann, Dora 66, 174
Apollo 68ff.
Aulinger, Elise 31, 143, 173
Bach, Rudolf 108
Baierl, Carl 66f., 143
Barock 12
Bauernkapellen 39f., 105
Bauernromantik 39
Bauerntheater 31, 35ff., 81, 170, 172
Bayerischer Rundfunk 9, 68ff., 76, 79ff., 121, 123, 130ff., 136, 144, 148, 156, 167, 170ff.
Bayern 9ff., 14, 25, 30, 34f., 41, 45, 55f., 59f., 63, 65, 68, 75f., 78, 82, 85ff., 96, 103f., 121, 126, 129, 138, 144f., 153, 157, 168ff.
Bayrhammer, Gustl 145, 151
Blädel, Georg 24, 75f., 82, 143, 153
Blumhoff, Christiane 147, 159, 174
Böhm, Karl 38f.
Brandl, Familie 7, 99ff., 131ff.
Braun, Seffi 41
Brem, Beppo 63, 81, 130, 133, 142, 145, 173
Brumml G'schichtn 7, 72ff., 130f., 144, 167
Bunter Würfel 70, 171
Cancan 17, 91, 136
Couplet 20f., 23f., 46, 107
Couplet AG 169
Dachauer 27, 29f., 38ff., 47, 59, 105f.
Deutsches Theater 17, 43, 45, 123, 133, 139, 142, 152
Dienstmädchen 18, 87f., 107, 119
Dietl, Helmut 154ff.
Dreher, Konrad 35ff.
Drehorgel, Weißblaue 9, 69, 75ff., 80ff., 95, 131, 144, 153, 164, 167, 170f.
Durek, Inge 151

Eberle, Mali 41
Ehbauer, Michl 76
Ehringer, Sepp 39
Ehrwald 123f.
Falkenberg, Otto 120
Familie Brandl 7, 99ff., 131ff.
Färber, Adi 139
Felmy, Hansjörg 130
Fernsehen 67, 81, 85, 133, 146, 153ff., 172
Fiedler, Walter 68f., 83, 127, 144, 167
Filser 29f.
Fischer, Helmut 153ff., 173
Fischer, O. W. 130
Fischer, Olf 66ff., 74, 79ff., 144, 171f.
Fitz, Hans 78
Fitz, Veronika 173
Fleißer, Marieluise 128
Folklore 33
Frauenrechtsbewegung 88
Freikörperkultur 32
Freizeit 16, 21, 32, 85
Fröbe, Gert 65, 130
g'scheert 25ff., 38ff., 60, 129, 137, 141ff., 149, 153, 164
G'scheerter 28, 38
Gallauner, Barbara 70, 75
Gebhard 28
Gebirgsromantik 38
Giehse, Therese 128, 149
Gondrell, Adolf 78, 121
Graf, Maxl 145
Gröbl 34
Guhl, Trudl 75f., 152
Gum, Elise 91
Günther, Rosl 75, 95, 145, 175
Handl, Loni 40
Harlander, Willi 141
Hatheyer, Heidemarie 130
Heimatfilm 37, 67, 81, 129, 173
Heine, Heinrich 34
Herbergen 14

Höck, Christl 66
Holsboer, Willem 130
Hönle, Alois 29, 44
Horacek, Betty 66, 68
Isarmärchen 7, 44ff., 159ff., 165, 169
Isarspatzen 75f., 79
Janko 34, 93
Jennerwein 12
Jodler 33, 40f., 43, 67, 78, 91f., 138, 142f.
Junker, August 26
Kabel, Heidi 154
Kare 25f., 30
Karlstadt, Liesl 7ff., 19ff., 30, 34, 46ff., 55, 60ff., 70ff., 78ff., 82ff., 86, 91, 94ff., 104ff.
Kasperl 19f., 95
Kästner, Erich 62, 130
Kempf, Rudolf 83f., 127, 165
Kino 46, 53, 56, 62
Kleine Komödie 9, 64, 125, 149ff.
Kneißl, Räuber 12
Koch, Ernestine 99
Koczian, Johanna von 130
Kolosseum 17, 20, 121
Komödien 12ff., 20, 35, 53, 105ff., 121
Komödienstadel 7, 71, 81, 141, 144ff., 172f.
Kramer, Resl 59, 136
Kremmel, Ernestine 135f.
Kroetz, Franz Xaver 155
Kuen, Otto 79
Kultur 13, 22ff., 33, 55, 71f.
Lang 34, 93
Lang, Franzl 78
Lang, Michl 75f., 78ff., 126, 130, 133, 139, 145, 152f.
Lebenswirklichkeit 25f., 37, 44, 52ff., 75, 84
Leuwerik, Ruth 130
Lindner, Marianne 145ff., 172ff.
Lipperl 19f.

Lucke 25, 30
Maxfeld, Agnes 91
Maxstadt, Karl 47
Megary, Ruth 162, 175
Meier, Adalbert 34, 47, 105ff.
Metzner, Girgl 39
Moser, Hans 142
München 7ff., 11ff., 17ff., 23, 25, 27, 30, 34, 38f., 42ff., 46, 50ff., 56, 60ff., 69ff., 79, 82ff., 87ff., 92, 96, 104f., 108, 110, 120f., 124, 130f., 135, 139, 144, 152 158, 160f., 164, 168ff.
Münchner 9, 13f., 16, 18ff., 23, 25, 27ff., 34, 37ff., 41ff., 45ff., 50, 52, 54ff., 60ff., 67ff., 78, 84ff., 92, 94, 104ff., 111, 115, 120, 123, 125ff., 128, 134ff., 140ff., 145, 153, 157ff., 168ff., 172f.
Nationalsozialisten 53ff., 88
Natur 31f., 37f.
Nestroy 20, 109
Neubauer, Ilse 152, 173f.
NS-Zeit 57, 63
Obermayr, Karl 153f.
Oertel, Hugo 34
Oodrahd 12f., 28, 37, 154
Ondra, Anny 121
Operetten 7, 40, 43, 139, 163, 167
Ophüls, Max 121
Papa Geis 21, 23
Papa Schmid 21
Paulig, Oskar 68f.
Pertramer, Elfi 78, 149, 171
Platzl 9, 30, 39ff., 46, 56, 59, 62, 64f., 67ff., 74, 81, 135ff., 138ff., 142f., 158., 163
Plonner 34
Pöbel 23, 28, 42
Pocci, Franz Graf von 20
Pongratz, Alfred 78, 126
Possen 20f., 34, 43, 53, 67, 107
Pössenbacher, Hans 100f., 134
Prechtl, Kathi 66, 76, 174
Prell, Bally 7ff., 44f., 68, 79, 81f., 86, 158ff.,
Prell, Ludwig 44, 160ff., 170
Preußen, »Preißn« 12, 30, 38f., 43, 53, 56ff., 65, 142

Queri, Georg 81, 168,
Radio München 71f.
Rainer, Geschwister 34
Ratschkathl 30, 76, 92, 94f., 170, 173
Rauchenegger, Benno 94
Reichert, Willy 130
Reichlin, Fee von 139, 175
Reilhofer, Franz 34
Reverelli, Minna 41, 92
Revue 18, 43ff., 46, 59, 69, 123
Riegler, Theo 105, 130
Roider Jackl 78
Rokoko 12
Royes, Gisela 119
Rühmann, Heinz 83, 128, 171
Rundfunk 8f., 46, 54, 68ff., 71f., 76, 79ff., 105, 123ff., 130ff., 144, 148, 156, 165ff., 170ff.
Sattler, Pepi 40f.
Schlierseer Bauerntheater 35ff.
Schmid-Wildy, Ludwig 65, 141, 144, 173
Schnackl Franz 33f., 105
Schneider, Wiggerl 60, 66, 68
Schörgmeier 34
Schuhplattler 33, 40, 43, 142
Schumacher, Ida 30, 60, 76, 170
Schweiger, Johann 21
Schweiger, Josef 20f.
Sedlmayr, Walter 153
Simpl 64
Singerl, Erni 7ff., 59f., 64ff., 67f., 76, 81, 86, 96, 135ff., 170ff.
Singspielhallen 17ff., 23ff., 50ff.
Soubrette 91, 106f.
Sprache 22, 26, 28ff., 38, 42, 44, 47, 76, 88
Spruchkammer 63
Stadler, Maria 75, 100, 130
Straßmaier, Hans 38f., 60
Strauß, Franz Josef 133
Szakall, Szöke 121
Tänzerinnen 17, 91
Tellheim, Käthe 41, 143
Terofal, Franz Xaver 35
Theater am Gärtnerplatz 21, 35
Theimer, Gretl 143
Thoma, Ludwig 29, 78, 81, 124, 128, 152, 161, 167, 171, 173

Tischlinger, Karl 60, 70, 143
Tourismus 31, 33, 158
Trachten 12, 23, 32, 40
Tradition 20, 29, 59, 64, 72, 97, 160
Trinkl 34
Tyroler Sänger 34
Valentin, Karl 7f., 19ff., 34f., 46ff., 64, 70, 75, 91, 96, 106ff., 127, 130, 142, 152f., 164
Varieté 17ff., 21, 50, 53, 91, 111, 141, 164
Vierlinger, Emil 66ff., 79, 167
Vitus, Maximilian 81
Vogel, Rudolf 75
Völkerschauen 32
Volksgarten 16f., 34
Volkshelden 12
Volkskultur 33
Volkssänger 15, 19ff., 35, 37f., 40, 43f., 46ff., 52, 65, 68g., 75f., 91f., 107f., 158ff.
Volksschauspieler 9, 29, 59f., 67, 78, 108, 125ff., 149, 151ff., 154, 172f.
Volkstheater 9, 19, 64, 92, 94,121, 124, 126
volkstümlich 9, 11, 14, 21ff., 25, 28f., 31ff., 37, 39, 43ff., 53ff., 56, 59ff., 67ff., 72, 76, 80f., 85, 92, 94, 143f., 164
Vorstadt 15, 20ff., 25ff., 28f., 42ff., 48f., 52f., 111f., 115, 133, 165
Wandervogel 32
Weimarer Republik 42, 55, 89
Weiß, Ferdl 21, 39ff., 46f., 55ff., 63, 65ff., 83
Weißblaue Drehorgel 9, 69, 76ff., 82, 95, 131, 144, 153, 165ff., 171f.
Wellano, Elisabeth 47, 104ff.
Welsch, Anderl 21, 28
Wieland, Dieter 149f.
Wien 19f., 50, 92, 94, 143, 161
Wien-München 46, 108, 121
Wilhelm, Kurt 70, 72, 74, 148
Winkler, Gretl 40f.
Wirtschaftswunder 84
Wirtshäuser 15, 21ff., 27
Witt, Wastl 65, 80f., 142, 171
Wolf, Georg Jakob 86
Ziemann, Sonja 130